Europe
Through the Back Door
PHRASE BOOK

GERMAN

Rick Steves

John Muir Publications
Santa Fe, New Mexico

Thanks to the team of people at *Europe Through the Back Door* who helped make this book possible: Mary Carlson, Steve Smith, Kendra Roth, Anne Kirchner, Margaret Berger, Colleen Murphy, Mary Romano, Plum Moore, Gene Openshaw and...

German translation: Julia Klimek and Inge Dolan
Phonetics: Risa Laib
Layout: Rich Sorensen
Maps: Dave Hoerlein

Edited by Risa Laib and Rich Sorensen

John Muir Publications, P.O. Box 613, Santa Fe, NM 87504

© 1993 by Rick Steves
Cover © 1993 by John Muir Publications
Cover photo by Leo de Wys, Inc. / Bob Krist
First edition. First printing, January 1993
All rights reserved.
Printed in the United States of America
by McNaughton & Gunn

ISBN 1-56261-100-3

Distributed to the book trade by
W.W. Norton & Company, Inc.
New York, NY

While every effort has been made to keep the content of this book accurate, the author and publisher accept no responsibility whatsoever for anyone ordering the wrong meal or getting messed up in any other way because of the linguistic confidence this phrase book has given them.

JMP travel guidebooks by Rick Steves:

2 to 22 Days in Germany, Austria & Switzerland
Europe Through the Back Door
Europe 101: History and Art for the Traveler
    (with Gene Openshaw)
Mona Winks: Self-Guided Tours of Europe's Top Museums
    (with Gene Openshaw)
2 to 22 Days in Europe
2 to 22 Days in Great Britain
2 to 22 Days in Italy
2 to 22 Days in France (with Steve Smith)
2 to 22 Days in Norway, Sweden & Denmark
2 to 22 Days in Spain & Portugal
Europe Through the Back Door Phrase Books:
    French, Italian and German
Asia Through the Back Door
Kidding Around Seattle

Rick Steves' company, *Europe Through the Back Door*, provides many services for budget European travelers, including a free quarterly newsletter/catalog, budget travel books and accessories, Eurailpasses (with free video and travel advice included), a free computer BBS Travel Information Line, a travel partners list, intimate bus tours of Europe, and a user-friendly Travel Resource Center in Edmonds, WA. For more information and a free newsletter subscription, call or write to:

Europe Through the Back Door
109 Fourth Avenue N, Box 2009
Edmonds, WA 98020 USA
Tel: 206/771-8303, Fax: 206/771-0833
BBS: 206/771-1902 (1200-2400 baud, 8/N/1).

CONTENTS

Getting started	4
German basics	7
Numbers	17
Money	19
Public transportation	21
Driving	29
Finding your way	33
Telephones	37
Finding a room	39
Eating	46
Drinking	64
Groceries and picnics	69
Sightseeing	71
Shopping	76
Mail	79
Time	81
Red tape and profanity	85
Health	88
Help!	91
Conversations	93
Politics and philosophy	100
Entertainment	104
A German romance	106
The Rolling Rosetta Stone Word Guide	109
Hurdling the language barrier	131
Let's talk telephones	135
Tear-out cheat sheet	141
Europe Through the Back Door Catalog	143
Other books from John Muir Publications	148

Hi, I'm Rick Steves.

I'm the only mono-lingual speaker I know who's had the nerve to design a series of European phrase books. But that's one of the things that makes them better. You see, after twenty summers of travel through Europe, I've learned first-hand (1) what's essential for communication in another country, and (2) what's not. I've assembled these essential words and phrases in a logical, no-frills format, and I've worked with native Europeans and seasoned travelers to give you the simplest, clearest translations possible.

But this book is more than just a pocket translator. The words and phrases have been carefully selected to make you a happier, more effective budget traveler. The key to getting more out of every travel dollar is to get closer to the local people, and to rely less on entertainment, restaurants, and hotels that cater only to foreign tourists. This book will give you linguistic four-wheel drive to navigate through German, Austrian and Swiss culture -- from ordering a meal at a locals-only Tirolean restaurant to discussing politics, social issues and other topics with the family that runs the place. Long after your memories of castles and museums have faded, you'll still treasure the close encounters you had with your new European friends.

A good phrase book should help you enjoy your linguistic adventure -- not just survive it -- so I've added a healthy dose of humor. But please use these phrases carefully, in a self-effacing spirit. Remember that one ugly American can undo the goodwill built by dozens of culturally-sensitive ones.

To get the most out of this book, take the time to internalize and put into practice my German pronunciation tips. I've spelled out the pronunciations as if you were reading English. Don't worry too much about memorizing grammatical rules, like which gender a particular noun is -- toss sex out the window and communicate!

German is the closest thing I'll ever have to a "second language." It takes only a few words to feel like I'm part of the greater Germanic family, greeting hikers in the Alps, commiserating over the crowds in Rothenburg, and slap-dancing in Tirol.

You'll notice this book has a tear-out "cheat sheet." Tear this out and tuck it into your dirndl or lederhosen, so you can easily use it to memorize key words and phrases during otherwise idle moments. You'll also find my *Rolling Rosetta Stone* word guide, and special sections on German tongue-twisters, international words, and tips for using telephones. As you prepare for your trip, you may want to take advantage of my annually-updated *2 to 22 Days in Germany, Austria and Switzerland* guidebook.

My goal is to help you become a more confident, extroverted traveler. If this phrase book helps make that happen, or if you have suggestions for making it better, I'd love to hear from you.

Happy travels, and good luck as you hurdle the language barrier!

Rick Steves

For maps of Austria and Switzerland, see page 140.

Getting Started

Versatile, entertaining German
...is spoken throughout Germany, Austria, and most of Switzerland. In addition, German rivals English as the handiest second language in Scandinavia, the Netherlands, Eastern Europe and Turkey.

German is kind of a "lego language." Be on the lookout for fun combination words. A *Fingerhut* (finger hat) is a thimble, a *Halbinsel* (half island) is a peninsula, and a *Stinktier* (stinky animal) is a skunk.

German has some key twists to its pronunciation:

CH sounds like the guttural CH in Scottish loch.
J sounds like Y in yes.
S can sound like S in sun or Z in zoo.
   But *S* followed by *CH*, *P* or *T* sounds like SH in shine.
V sounds like F in fun.
W sounds like V in volt.
Z sounds like TS in hits.
EI sounds like I in light.
EU sounds like OY in joy.
IE sounds like EE in seed.

German has a few unusual signs and sounds. The letter *ß* is not a letter B at all -- it's the sound of "ss." Some of the German vowels are double-dotted with an "umlaut." The *ü*, in particular, has a sound uncommon in English. To make the *ü* sound, round your lips to

Getting Started 5

say "o," but say "ee." The German *ch* has a clearing-your-throat sound. Say *Achtung!*

Germans capitalize all nouns. Each noun has a sex which determines which "the" you'll use (*der* boy, *die* girl, and *das* neuter). While we use the correct genders in this book, no traveler is expected to always remember which is which. It's OK to just grab whichever "the" (*der, die, das*) comes to mind.

Here's a quick guide to the phonetics in this book:

ah	like A in father.
ar	like AR in park.
ay	like AY in play.
e, eh	like E in let.
ee	like EE in seed.
ehr	sounds like "air."
ew	pucker your lips and say "ee."
g	like G in go.
i	like I in bit.
ī	like I in light.
kh	like the guttural CH in Scottish loch.
o	like O in cost.
oh	like O in note.
oo	like OO in too.
ow	like OW in cow.
oy	like OY in joy.
ts	like TS in hits. It's a small explosive sound.
u	like U in put.
ur	like UR in fur.
~	stands for "rhymes with."

Each German-speaking country has a distinct dialect. The Swiss speak a lilting Swiss-German but write High German like the Germans. The multilingual Swiss greet you with a cheery *"Gruetzi,"* use *"Merci"* for thank you, and say goodbye with a *"Ciao."* Both Austrians and Bavarians speak in a sing-song dialect, and greet one another with *"Grüss Gott"* (May God greet you).

German Basics

Meeting and greeting Germans:

English	German	Pronunciation
Good day.	**Guten Tag.**	GOO-ten tahg
Good morning.	**Guten Morgen.**	GOO-ten MOR-gen
Good evening.	**Guten Abend.**	GOO-ten AH-bent
Hi. (informal)	**Hallo.**	HAH-loh
Welcome!	**Willkommen!**	vil-KOM-men
Mr.	**Herr**	hehr
Mrs. / Miss	**Frau / Fräulein**	frow / FROY-lin
How are you?	**Wie geht's?**	vee gayts
Very well, thanks.	**Sehr gut, danke.**	zehr goot DAHNG-keh
And you?	**Und Ihnen?**	oont EE-nen
My name is...	**Ich heiße...**	ikh HĪ-seh
What's your name?	**Wie heißen Sie?**	vee HĪ-sen zee
Pleased to meet you.	**Sehr erfreut.**	zehr ehr-FROYT
Where are you from?	**Woher kommen Sie?**	VOH-hehr KOM-men zee
I am... / Are you...?	**Ich bin... / Sind Sie...?**	ikh bin / zint zee
...here on vacation	**...auf Urlaub hier**	owf OOR-lowp heer
...here on business	**...geschäftlich hier**	geh-SHEHFT-likh heer
See you later!	**Bis später!**	bis SHPAY-ter
So long! (informal)	**Tschüss!**	chews (~ "moose")
Goodbye.	**Auf Wiedersehen.**	owf VEE-der-zay-hen
Good luck!	**Viel Glück!**	feel glewk
Have a good trip!	**Gute Reise!**	GOO-teh RĪ-zeh

German Basics

The Top 50 Survival Phrases

Yes, you can survive in Germany using only these phrases. Most are repeated on your tear-out "cheat sheet" near the end of this book.

The ten essentials:

Good day.	**Guten Tag.**	GOO-ten tahg
Do you speak English?	**Sprechen Sie Englisch?**	SHPREH-khen zee ENG-lish
Yes.	**Ja.**	yah
No.	**Nein.**	nīn
I don't understand.	**Ich verstehe nicht.**	ikh fehr-SHTAY-heh nikht
I'm sorry.	**Entschuldigung.**	ent-SHOOL-dee-goong
Please.	**Bitte.**	BIT-teh
Thanks.	**Danke.**	DAHNG-keh
Thank you very much.	**Vielen Dank.**	FEE-len dahngk
Goodbye.	**Auf Wiedersehen.**	owf VEE-der-zay-hen

Where?

Where is...?	**Wo ist...?**	voh ist
...a hotel	**...ein Hotel**	īn hoh-TEHL
...a youth hostel	**...eine Jugendherberge**	Ī-neh YOO-gend-hehr-behr-geh
...a restaurant	**...ein Restaurant**	īn res-tow-RAHNT
...a grocery store	**...ein Lebensmittelgeschäft**	īn LAY-bens-mit-tel-geh-SHEHFT

German Basics 9

...the train station	...der Bahnhof	dehr BAHN-hohf
...the tourist information office	...das Touristen-informationsbüro	dahs too-RIS-ten-in-for-maht-see-OHNS-bew-roh
...the toilet	...die Toilette	dee toh-LEH-teh
men / women	Herren / Damen	HEHR-ren / DAH-men

How much?

How much does it cost?	Wieviel kostet das?	vee-FEEL KOS-tet dahs
Will you write it down?	Können Sie das aufschreiben?	KURN-nen zee dahs OWF-shrī-ben
Cheap. / Cheaper.	Billig. / Billiger.	BIL-lig / BIL-lig-er
Included?	Eingeschlossen?	ĪN-geh-shlos-sen
I would like...	Ich hätte gern...	ikh HEH-teh gehrn
We would like...	Wir hätten gern...	veer HEH-ten gehrn
Just a little. / More.	Nur ein bißchen. / Mehr.	noor īn BIS-yen / mehr
A ticket.	Ein Karte.	īn KAR-teh
A room.	Ein Zimmer.	īn TSIM-mer
The bill.	Die Rechnung.	dee REHKH-noong

Number crunching:

one	eins	īns
two	zwei	tsvī
three	drei	drī
four	vier	feer
five	fünf	fewnf
six	sechs	zex

10 German Basics

seven	**sieben**	ZEE-ben
eight	**acht**	ahkht
nine	**neun**	noyn
ten	**zehn**	tsayn

You'll find more numbers in the Numbers section on page 17.

Moving on:

I go to...	**Ich fahre nach...**	ikh FAR-eh nahkh
We go to...	**Wir fahren nach...**	veer FAR-en nahkh
today	**heute**	HOY-teh
tomorrow	**morgen**	MOR-gen
departure	**Abfahrtszeit**	AHP-farts-tsīt
At what time?	**Um wieviel Uhr?**	oom vee-FEEL oor

What's up?

Excuse me. (to get attention)	**Entschuldigen Sie.**	ent-SHOOL-dee-gen zee
Just a moment.	**Moment.**	moh-MEHNT
It's a problem.	**Es geht nicht.**	es gayt nikht
It is good.	**Es ist gut.**	es ist goot
Fantastic!	**Fantastisch!**	fahn-TAHS-tish
You are very kind.	**Das ist sehr freundlich.**	dahs ist zehr FROYND-likh

German Basics 11

Be creative! You can combine these phrases to say: "Two, please," or "No, thank you," or "I'd like a cheap hotel," or "Cheaper, please?" Please is a magic word in any language. If you want something and you don't know the word for it, just point and say, *"Bitte"* (Please). If you know the word for what you want, such as the bill, simply say, *"Die Rechnung, bitte"* (The bill, please).

Struggling with German:

Do you speak English?	**Sprechen Sie Englisch?**	SHPREH-khen zee ENG-lish
Even a teeny weeny bit?	**Vielleicht ein ganz klein bißchen?**	fee-LĪKHT īn gahnts klīn BIS-yen
Please speak English.	**Bitte sprechen Sie Englisch.**	BIT-teh SHPREH-khen zee ENG-lish
You speak English well.	**Ihr Englisch ist sehr gut.**	eer ENG-lish ist zehr goot
I don't speak German.	**Ich spreche kein Deutsch.**	ikh SHPREH-kheh kīn doych
I speak a little German.	**Ich spreche ein bißchen Deutsch.**	ikh SHPREH-kheh īn BIS-yen doych
I speak ten words in German.	**Ich kenne zehn Wörter auf deutsch.**	ikh KEHN-neh tsayn VUR-ter owf doych
I study German.	**Ich studiere Deutsch.**	ikh shtoo-DEER-eh doych
Excuse...	**Entschuldigen Sie...**	ent-SHOOL-dee-gen zee
Correct...	**Berichtigen Sie...**	beh-RIKH-tig-en zee
...my pronunciation.	**...meine Aussprache.**	MĪ-neh OWS-shprahkh-eh

12 German Basics

What is this in German?	**Wie heißt das auf deutsch?**	vee hīst dahs owf doych
Repeat.	**Noch einmal.**	nokh ĪN-mahl
Speak slowly.	**Sprechen Sie langsam.**	SHPREH-khen zee LAHNG-zahm
Excuse me? (didn't hear)	**Wie bitte?**	vee BIT-teh
Do you understand?	**Verstehen Sie?**	fehr-SHTAY-hen zee
I understand.	**Ich verstehe.**	ikh fehr-SHTAY-heh
I don't understand.	**Ich verstehe nicht.**	ikh fehr-SHTAY-heh nikht
Will you write it down?	**Können Sie das aufschreiben?**	KURN-nen zee dahs OWF-shrī-ben
Does anybody here speak English?	**Kann jemand hier Englisch?**	kahn YAY-mahnd heer ENG-lish

Common questions in German:

How much?	**Wieviel?**	vee-FEEL
How many?	**Wieviele?**	vee-FEE-leh
How long? (time)	**Wie lang?**	vee lahng
How far?	**Wie weit?**	vee vīt
How?	**Wie?**	vee
Is it possible?	**Ist es möglich?**	ist es MUR-glikh
What?	**Was?**	vahs
What is that?	**Was ist das?**	vahs ist dahs
What is better?	**Was ist besser?**	vahs ist BEHS-ser
When?	**Wann?**	vahn
What time is it?	**Wie spät ist es?**	vee shpayt ist es

German Basics 13

At what time?	**Um wieviel Uhr?**	oom vee-FEEL oor
When does this...?	**Um wieviel Uhr ist hier...?**	oom vee-FEEL oor ist heer
...open	**...geöffnet**	geh-URF-net
...close	**...geschlossen**	geh-SHLOS-sen
Do you have...?	**Haben Sie...?**	HAH-ben zee
Where is...?	**Wo ist...?**	voh ist
Where are...?	**Wo sind...?**	voh zint
Who?	**Wer?**	vehr
Why?	**Warum?**	vah-ROOM
Why not?	**Warum nicht?**	vah-ROOM nikht

You can easily turn a word or sentence into a question, by asking it in a questioning tone. *"Es ist gut"* (It is good) becomes *"Es ist gut?"* (Is it good?). A simple way to ask, "Where is the toilet?" is to say, *"Toilette?"*

Yin and yang:

cheap / expensive	**billig / teuer**	BIL-lig / TOY-er
big / small	**groß / klein**	grohs / klīn
hot / cold	**heiß / kalt**	hīs / kahlt
open / closed	**geöffnet / geschlossen**	geh-URF-net / geh-SHLOS-sen
entrance / exit	**Eingang / Ausgang**	ĪN-gahng / OWS-gahng
arrive / depart	**ankommen / abfahren**	AHN-kom-men / AHP-fah-ren
early / late	**früh / spät**	frew / shpayt

German Basics

soon / later	**bald / später**	bahld / SHPAY-ter
fast / slow	**schnell / langsam**	shnel / LAHNG-zahm
here / there	**hier / dort**	heer / dort
near / far	**nah / fern**	nah / fehrn
good / bad	**gut / schlecht**	goot / shlekht
best / worst	**beste / schlechteste**	BEHS-teh / SHLEKH-tes-teh
a little / lots	**wenig / viel**	VAY-nig / feel
more / less	**mehr / weniger**	mehr / VAY-nig-er
easy / difficult	**leicht / schwierig**	līkht / SHVEE-rig
beautiful / ugly	**schön / häßlich**	shurn / HEHS-likh
smart / stupid	**klug / dumm**	kloog / dum
vacant / occupied	**frei / besetzt**	frī / beh-ZEHTST
with / without	**mit / ohne**	mit / OH-neh

Little words that are big in Germany:

I	**ich**	ikh
you (formal)	**Sie**	zee
you (informal)	**du**	doo
he	**er**	ehr
she	**sie**	zee
we	**wir**	veer
and	**und**	oont
at	**bei**	bī
but	**aber**	AH-ber
by (via)	**mit**	mit
for	**für**	fewr
from	**von**	fon
not	**nicht**	nikht

now	**jetzt**	yetst
only	**nur**	noor
or	**oder**	OH-der
this / that	**dies / das**	deez / dahs
to	**nach**	nahkh
very	**sehr**	zehr

German names for places:

Germany	**Deutschland**	DOYCH-lahnd
East Germany	**Ostdeutschland**	OST-doych-lahnd
Munich	**München**	MEWNKH-en
Bavaria	**Bayern**	BĪ-ehrn
Austria	**Österreich**	URS-tehr-rīkh
Vienna	**Wien**	veen
Italy	**Italien**	i-TAH-lee-en
Venice	**Venedig**	veh-NEH-dig
Greece	**Griechenland**	GREEKH-en-lahnd
Switzerland	**Schweiz**	shvīts
France	**Frankreich**	FRAHNK-rīkh
Spain	**Spanien**	SPAHN-ee-en
Netherlands	**Niederlanden**	NEE-der-lahn-den
England	**England**	ENG-glahnd
Europe	**Europa**	oy-ROH-pah
United States	**Vereinigte Staaten**	fehr-Ī-nig-teh SHTAH-ten
world	**Welt**	velt

German Basics

Handy German expressions:

Stimmt.	shtimt	Correct.
Ach so.	ahkh soh	I see.
Achtung.	AHKH-toong	Attention.
Prima.	PREE-mah	Fine.
Genau.	geh-NOW	Exactly.
Ausgezeichnet.	ows-geh-TSĪKH-net	Excellent.
Gemütlich.	geh-MEWT-likh	Cozy.
Bitte.	BIT-teh	Please / Thanks / Excuse me.

Numbers

Numbers you can count on:

0	**null**	nul
1	**eins**	īns
2	**zwei**	tsvī
3	**drei**	drī
4	**vier**	feer
5	**fünf**	fewnf
6	**sechs**	zex
7	**sieben**	ZEE-ben
8	**acht**	ahkht
9	**neun**	noyn
10	**zehn**	tsayn
11	**elf**	elf
12	**zwölf**	tsvurlf
13	**dreizehn**	DRĪ-tsayn
14	**vierzehn**	FEER-tsayn
15	**fünfzehn**	FEWNF-tsayn
16	**sechzehn**	ZEHKH-tsayn
17	**siebzehn**	ZEEB-tsayn
18	**achtzehn**	AHKHT-tsayn
19	**neunzehn**	NOYN-tsayn
20	**zwanzig**	TSVAHN-tsig
21	**einundzwanzig**	ĪN-oond-tsvahn-tsig
22	**zweiundzwanzig**	TSVĪ-oond-tsvahn-tsig

18 Numbers

23	**dreiundzwanzig**	DRĪ-oond-tsvahn-tsig
30	**dreißig**	DRĪ-sig
31	**einunddreißig**	ĪN-oond-drī-sig
40	**vierzig**	FEER-tsig
41	**einundvierzig**	ĪN-oond-feer-tsig
50	**fünfzig**	FEWNF-tsig
60	**sechzig**	ZEHKH-tsig
70	**siebzig**	ZEEB-tsig
80	**achtzig**	AHKHT-tsig
90	**neunzig**	NOYN-tsig
100	**hundert**	HOON-dert
101	**hunderteins**	hoon-dert-ĪNS
102	**hundertzwei**	hoon-dert-TSVĪ
200	**zweihundert**	TSVĪ-hoon-dert
1000	**tausend**	TOW-zend (tow ~ "cow")
1994	**neunzehnhundert-vierundneunzig**	NOYN-tsayn-hoon-dert-feer-oond-NOYN-tsig
2000	**zweitausend**	TSVĪ-tow-zend
10,000	**zehntausend**	TSAYN-tow-zend
1,000,000	**Million**	mil-YOHN
first	**erste**	EHR-steh
second	**zweite**	TSVĪ-teh
third	**dritte**	DRIT-teh
half	**Hälfte**	HEHLF-teh
fifty percent	**fünfzig Prozent**	FEWNF-tsig proh-TSENT
number one	**Nummer eins**	NUM-mer īns

Money

Key money words:

bank	**Bank**	bahnk
money	**Geld**	gelt
change money	**Geld wechseln**	gelt VEHK-seln
exchange (n)	**Wechsel**	VEHK-sel
traveler's check	**Reisescheck**	RĪ-zeh-shek
credit card	**Kreditkarte**	kreh-DEET-kar-teh
cash advance	**Vorschuß in Bargeld**	FOR-shoos in BAR-gelt
cash machine	**Geldautomat**	gelt-ow-toh-MAHT
cashier	**Kassierer**	kah-SEER-er
receipt	**Beleg**	bay-LEHG

German marks (DM) are divided into 100 pfenning (Pf). Swiss francs (Fr) are divided into 100 centimes (c) or rappen (Rp). Use your commen cents -- pfennings and centimes are like pennies, and each country has coins like nickels, dimes, and quarters. The Swiss half-franc and 10 centime coins are about the same size, but the half-franc has ridges. Austrian shillings are divided into 100 groschen, but with about 12 AS in a dollar, you'll rarely see coins less than a shilling.

20 Money

Changing money:

English	German	Pronunciation
Can you change dollars?	**Können Sie Dollar wechseln?**	KURN-nen zee DOL-lar VEHK-seln
What is your exchange rate for dollars...?	**Was ist Ihr Wechselkurs für Dollars...?**	vahs ist eer VEHK-sel-koors fewr DOL-lars
...in traveler's checks	**...in Reiseschecks**	in RĪ-zeh-sheks
Are there extra fees?	**Gibt es besondere Zuschläge?**	gipt es beh-ZON-der-eh TSOOSH-lay-geh
What is the service charge?	**Wieviel ist die Gebühr?**	vee-FEEL ist dee geh-BEWR
What is the commission?	**Wieviel ist die Kommission?**	vee-FEEL ist dee kom-mis-see-OHN
I would like...	**Ich hätte gern...**	ikh HEH-teh gehrn
...small bills.	**...kleine Banknoten.**	KLĪ-neh BAHNK-noh-ten
...large bills.	**...große Banknoten.**	GROH-seh BAHNK-noh-ten
...coins.	**...Münzen.**	MEWN-tsen
...small change.	**...Kleingeld.**	KLĪN-gelt
I think you've made a mistake.	**Ich glaube, Sie haben sich geirrt.**	ikh GLOW-beh zee HAH-ben zikh geh-IRT
I'm broke / poor / rich.	**Ich bin pleite / arm / reich.**	ikh bin PLĪ-teh / arm / rīkh
55 DM	**fünfundfünfzig Mark**	FEWNF-oond-FEWNF-tsig mark
50 Pf	**fünfzig Pfenning**	FEWNF-tsig FEHN-nig

Public Transportation

Tickets:

ticket	**Karte**	KAR-teh
ticket office	**Fahrkartenschalter**	far-kar-ten-SHAHL-ter
schedule	**Fahrplan**	FAR-plahn
one way ticket	**Hinfahrkarte**	HIN-far-kar-teh
roundtrip ticket	**Rückfahrkarte**	REWK-far-kar-teh
overnight	**nacht**	nahkht
direct	**Direkt**	dee-REHKT
connection	**Anschluß**	AHN-shlus
first class	**erster Klasse**	EHR-ster KLAHS-seh
second class	**zweiter Klasse**	TSVĪ-ter KLAHS-seh
reservation	**Platzkarte**	PLAHTS-kar-teh
seat	**Platz**	plahts
window seat	**Fensterplatz**	FEHN-ster-plahts
aisle seat	**Platz am Gang**	plahts ahm gahng
non-smoking	**Nichtraucher**	NIKHT-rowkh-er
refund	**Rückvergütung**	REWK-fehr-gew-toong

At the station:

arrival	**Ankunft**	AHN-koonft
departure	**Abfahrt**	AHP-fart
delay	**Verspätung**	fehr-SHPAY-toong
waiting room	**Wartesaal**	VAR-teh-zahl

22 Public Transportation

check room	**Gepäckaufgabe**	geh-PEHK-owf-GAH-beh
lockers	**Schließfächer**	SHLEES-fekh-er
baggage	**Gepäck**	geh-PEHK
lost and found office	**Fundbüro**	FOOND-bew-roh
tourist information	**Touristeninformation**	too-RIS-ten-in-for-maht-see-OHN

Trains:

German State Railways	**Deutsche Bundesbahn (DB)**	DOY-cheh BOON-des-bahn (day bay)
train station	**Bahnhof**	BAHN-hohf
central station	**Hauptbahnhof**	HOWPT-bahn-hohf
train information	**Reiseinformation**	RĪ-zeh-in-for-maht-see-OHN
train	**Zug, Eisenbahn**	tsoog, Ī-zen-bahn
high speed train	**Inter-city**	"inter-city"
to the trains	**zu den Zugen**	tsoo dayn TSOO-gen
platform	**Bahnsteig**	BAHN-shtīg
track	**Gleis**	glīs
train car	**Wagen**	VAH-gen
dining car	**Speisewagen**	SHPĪ-zeh-vah-gen
sleeper car	**Liegewagen**	LEE-geh-vah-gen
sleeper berth	**Liege**	LEE-geh
...upper	**...obere**	OH-ber-eh
...middle	**...mittlere**	mit-LEH-reh
...lower	**...untere**	OON-ter-eh
conductor	**Schaffner**	SHAHF-ner

Public Transportation

Buses:

bus station	**Busbahnhof**	BOOS-bahn-hohf
bus	**Bus**	boos
bus stop	**Bushalte-stelle**	BOOS-hahl-teh-SHTEHL-leh

Boats:

boat	**Schiff**	shif
cabin	**Kabine**	KAH-bin
ferry	**Fähre**	FEH-reh
cruise boat	**Ausflugsdampfer**	OWS-floogs-dahmp-fer
river cruise	**Flußfahrt**	FLOOS-fart

Subway:

subway	**U-Bahn**	OO-bahn
subway entrance	**U-Bahnstation**	OO-bahn-shtaht-see-ohn
subway platform	**U-Bahnsteig**	OO-bahn-shtīg
day-long ticket	**Tagesnetzkarte**	TAHG-es-nets-kar-teh

Public Transportation

Handy transportation phrases:

English	German	Pronunciation
How much is the fare to...?	**Wieviel kostet eine Karte nach...?**	vee-FEEL KOS-tet Ī-neh KAR-teh nahkh
I'd like...	**Ich möchte...**	ikh MURKH-teh
...to go to ___.	**...nach ___ fahren.**	nahkh ___ FAH-ren
...a ticket to ___.	**...eine Karte nach ___.**	Ī-neh KAR-teh nahkh
Is a reservation required?	**Brauche ich eine Platzkarte?**	BROWKH-eh ikh Ī-neh PLAHTS-kar-teh
I'd like to leave...	**Ich möchte... abfahren.**	ikh MURKH-teh... AHP-fah-ren
I'd like to arrive...	**Ich möchte... ankommen.**	ikh MURKH-teh... AHN-kom-men
...by ___.	**...vor ___**	for
...in the morning.	**...am Morgen**	ahm MOR-gen
...in the afternoon.	**...am Nachmittag**	ahm NAHKH-mit-tahg
...in the evening.	**...am Abend**	ahm AH-bent
Is there...?	**Gibt es...?**	gipt es
...an earlier departure	**...eine frühere Abfahrtszeit**	Ī-neh FREW-hehr-eh AHP-farts-tsīt
...later departure	**...eine spätere Abfahrtszeit**	Ī-neh SHPAY-ter-eh AHP-farts-tsīt
...supplement	**...einen Zuschlag**	Ī-nen TSOO-shlahg
...cheaper ticket	**...eine billigere Karte**	Ī-neh BIL-lig-er-eh KAR-teh
When is the next departure?	**Wann ist die nächste Abfahrtszeit?**	vahn ist dee NEHKH-steh AHP-farts-tsīt
Will you write it down?	**Können Sie das aufschreiben?**	KURN-nen zee dahs OWF-shrī-ben

Public Transportation

Where does it leave from?	Von wo geht er ab?	fon voh gayt ehr ahp
On what track?	Auf welchem Gleis?	owf VEHLKH-em glīs
When will it arrive?	Wann kommt er an?	vahn komt ehr ahn
Is it direct?	Direktverbindung?	dee-REHKT-fehr-bin-doong
Must I transfer?	Muß ich umsteigen?	mus ikh OOM-shtī-gen
When? / Where?	Wann? / Wo?	vahn / voh
Which train to...?	Welcher Zug nach...?	VEHLKH-er tsoog nahkh
Which train car to...?	Welcher Wagen nach...?	VEHLKH-er VAH-gen nahkh
Which bus to...?	Welcher Bus nach...?	VEHLKH-er boos nahkh
Do you stop at...?	Halten Sie in...?	HAHL-ten zee in
Is this seat free?	Ist dieser Platz frei?	ist DEE-zer plahts frī
That's my seat.	Das ist mein Platz.	dahs ist mīn plahts
Save my place.	Halten Sie meinen Platz frei.	HALH-ten zee MĪ-nen plahts frī
Where are you going?	Wohin fahren Sie?	VOH-hin FAR-en zee
I'm going to...	Ich fahre nach...	ikh FAR-reh nahkh
Can you tell me when to get off?	Können Sie mir Bescheid sagen?	KURN-nen zee meer beh-SHĪT zah-gen

If you're on a train and you spot a cute town, you can get off and explore, and use the same ticket to continue your journey on a later train.

26 Public Transportation

Reading train and bus schedules:

Abfahrt	departure
Ankunft	arrival
außer	except
bis	until
Feiertag	holiday
jeden	every
nach	to
nur	only
Samstag	Saturday
Sonntag	Sunday
täglich (tgl.)	daily
tagsüber	days
von	from
wochentags	weekdays

German schedules use the 24-hour clock. It's like American time until noon. After that, subtract twelve and add p.m. So 13:00 is 1 p.m., 20:00 is 8 p.m., and 24:00 is midnight. Train travelers take note: if your train is scheduled to depart at 00:01, it'll leave one minute after midnight.

Taking taxis:

taxi	**Taxi**	TAHK-see
Where is a taxi stand?	**Wo ist ein Taxistand?**	voh ist īn TAHK-see-shtahnt
Are you free?	**Sind Sie frei?**	zint zee frī
Occupied.	**Besetzt.**	beh-ZEHTST

Public Transportation

English	German	Pronunciation
How much will it cost to...?	**Wieviel kostet die Fahrt nach...?**	vee-FEEL KOS-tet dee fart nahkh
Too much.	**Zu viel.**	tsoo feel
How many people can you take?	**Wieviele Personen können mitfahren?**	vee-FEE-leh pehr-ZOH-nen KURN-nen MIT-far-en
Is there an extra fee?	**Gibt es einen Aufschlag?**	gipt es Ī-nen OWF-shlahg
The meter, please.	**Den Zähler, bitte.**	dayn TSAY-ler BIT-teh
The most direct route.	**Auf direktem Weg.**	owf dee-REHK-tem vayg
Slow down.	**Fahren Sie langsamer.**	FAR-en zee LAHNG-zah-mer
If you don't slow down, I'll throw up.	**Wenn Sie nicht langsamer fahren, wird mir schlecht.**	ven zee nikht LAHNG-zah-mer FAR-en, virt meer shlekht
Stop here.	**Halten Sie hier.**	HAHL-ten zee heer
Can you wait?	**Können Sie warten?**	KURN-nen zee VAR-ten
I'll never forget this ride.	**Diese Fahrt werde ich nie vergessen.**	DEE-zeh fart VEHR-deh ikh nee fehr-GEHS-sen
Where did you learn to drive?	**Wo haben Sie Autofahren gelernt?**	voh HAH-ben zee OW-toh-far-en geh-LEHRNT
I'll only pay what's on the meter.	**Ich bezahle nur, was auf dem Zähler steht.**	ikh beh-TSAH-leh noor, vahs owf daym TSAY-ler shtayt
My change, please.	**Mein Wechselgeld, bitte.**	mīn VEHK-sel-gelt BIT-teh
Keep the change.	**Stimmt so.**	shtimt zoh

Driving

Wheeling and dealing:

I'd like to rent a...	**Ich möchte ein... mieten.**	ikh MURKH-teh īn... MEE-ten
...car.	**...Auto**	OW-toh
...motorcycle.	**...Motorrad**	MOH-tor-raht
...motor scooter.	**...Moped**	MOH-ped
...bicycle.	**...Fahrrad**	FAR-raht
...beer hall.	**...Bierzelt**	BEER-tselt
How much per...?	**Wieviel pro...?**	vee-FEEL proh
...hour	**...Stunde**	SHTOON-deh
...day	**...Tag**	tahg
...week	**...Woche**	VOKH-eh

The German word for journey or trip is *Fahrt*. Many tourists enjoy collecting Fahrts. In Germany you'll see signs for *Einfahrt* (entrance), *Rundfahrt* (round trip), *Rückfahrt* (return trip), *Himmelfahrt* (ascend to heaven day, August 15th), *Panoramafahrt* (scenic journey), *Zugfahrt* (train trip), *Ausfahrt* (trip out), and throughout your trip, people will smile and wish you a *"Gute Fahrt."*

30 Driving

Gassing up:

gas station	**Tankstelle**	TAHNK-shtel-leh
self-service	**Selbstbedienung**	ZEHLPST-beh-dee-noong
Where is the nearest gas station?	**Wo ist die nächste Tankstelle?**	voh ist de NEHKH-steh TAHNK-shtel-leh
Fill the tank.	**Volltanken.**	FOL-tahnk-en
I need...	**Ich brauche...**	ikh BROWKH-eh
...gas.	**...Benzin.**	ben-TSEEN
...unleaded.	**...Bleifrei.**	BLĪ-frī
...regular.	**...Normal.**	nor-MAHL
...super.	**...Super.**	ZOO-per
...diesel.	**...Diesel.**	DEE-zel
Check...	**Sehen Sie nach...**	ZAY-hen zee nahkh
...the oil.	**...dem Öl.**	daym url
...the air in the tires.	**...dem Luftdruck in den Reifen.**	daym LUFT-druk in dayn RĪ-fen
...the radiator.	**...der Kühler.**	dehr KEW-ler
...the battery.	**...der Batterie.**	dehr baht-teh-REE
...the fuses.	**...den Sicherungen.**	dayn ZIKH-eh-roong-en
...the fanbelt.	**...dem Keilriemen.**	daym KĪL-ree-men
...the brakes.	**...dem Bremsen.**	daym BREHM-zen

Filling up the tank is a piece of *Strudel*. Regular is *normal*, super is *super*, and they use marks and liters instead of dollars and gallons. If a mark is 2/3 of a dollar and there are about 4 liters in a gallon, gas costing 1.50 DM per liter = $4 per gallon.

Car trouble:

English	German	Pronunciation
accident	**Unfall**	OON-fahl
breakdown	**liegengeblieben**	LEE-gen-geh-BLEE-ben
funny noise	**komisches Geräusch**	KOH-mish-es geh-ROYSH
electrical problem	**elektrische Schwierigkeiten**	eh-LEHK-trish-eh SHVEE-rig-kī-ten
My car won't start.	**Mein Auto springt nicht an.**	mīn OW-toh shpringt nikht ahn
This doesn't work.	**Das geht nicht.**	dahs gayt nikht
It's overheating.	**Es überhitzt.**	es EW-behr-hitst
My car is broken.	**Mein Auto ist kaputt.**	mīn OW-toh ist kah-PUT
I need a...	**Ich brauche einen...**	ikh BROWKH-eh Ī-nen
...tow truck.	**...Abschleppwagen.**	AHP-shlep-vah-gen
...mechanic.	**...Mechaniker.**	mekh-AHN-i-ker
...stiff drink.	**...Schnapps.**	shnahps
Can you fix it?	**Können Sie das reparieren?**	KURN-nen zee dahs reh-pah-REER-en
Just do the essentials.	**Machen Sie nur das Wichtigste.**	MAHKH-en zee noor dahs VIKH-tig-steh
When will it be ready?	**Wann ist es fertig?**	vahn ist es FEHR-tig
How much will it cost to make it run?	**Wieviel kostet es, es fahrbereit zu machen?**	vee-FEEL KOS-tet es, es FAR-beh-rīt tsoo MAHKH-en
I'm going to faint.	**Ich werde ohnmächtig.**	ikh VEHR-deh oon-MEHKH-tig

32 Driving

Parking:

parking garage	**Garage**	gah-RAH-zheh
Where can I park?	**Wo kann ich parken?**	voh kahn ikh PAR-ken
Is parking nearby?	**Gibt es Parkplätze in der Nähe?**	gipt es PARK-pleh-tseh in dehr NAY-heh
Can I park here?	**Darf ich hier parken?**	darf ikh heer PAR-ken
How long can I park here?	**Wie lange darf ich hier parken?**	vee LAHNG-eh darf ikh heer PAR-ken
Must I pay to park here?	**Kostet Parken hier etwas?**	KOS-tet PAR-ken heer EHT-vahs
Is this a safe place to park?	**Ist dies ein sicherer Parkplatz?**	ist deez īn ZIKH-her-er PARK-plahts

Bike bits:

bicycle	**Fahrrad**	FAR-raht
tire	**Reifen**	RĪ-fen
inner tube	**Schlauch**	shlowkh
wheel	**Rad**	rahd
spoke	**Speiche**	SHPĪKH-eh
chain	**Kette**	KEHT-teh
freewheel	**Freilauf**	FRĪ-lowf
shifter	**Gangschaltung**	GAHNG-shahl-toong
brakes	**Bremse**	BREHM-zeh
I brake for bakeries.	**Ich stoppe an Bäckereien.**	ikh SHTOP-peh ahn bek-eh-RĪ-en

Finding Your Way

Key navigation words:

straight ahead	**geradeaus**	geh-RAH-deh-OWS
left / right	**links / rechts**	links / rekhts
first / next	**erste / nächste**	EHR-steh / NEHKH-steh
intersection	**Kreuzung**	KROY-tsoong
stoplight	**Ampel**	AHM-pel
square	**Platz**	plahts
street	**Straße**	SHTRAH-seh
bridge	**Brücke**	BREW-keh
tunnel	**Tunnel**	TOON-nel
overpass	**Brücke**	BREW-keh
underpass	**Unterführung**	oon-ter-FEW-roong
highway	**Landstraße**	LAHND-shtrah-seh
freeway	**Autobahn**	OW-toh-bahn
road map	**Karte**	KAR-teh
city map	**Stadtplan**	SHTAHT-plahn

Getting directions:

I am going to...	**Ich gehe nach...**	ikh GAY-heh nahkh
How do I get to...?	**Wie komme ich zu...?**	vee KOM-meh ikh tsoo
How many minutes...?	**Wieviele Minuten...?**	vee-FEE-leh mee-NOO-ten
...on foot	**...zu Fuß**	tsoo foos
...by car	**...per Auto**	pehr OW-toh

34 Finding Your Way

How many kilometers to...?	**Wieviele Kilometer sind es nach...?**	vee-FEE-leh kee-loh-MAY-ter zint es nahkh
What's the route to ___?	**Was ist der... Weg nach ___?**	vahs ist dehr... vayg nahkh
...best	**...beste**	BEHS-teh
...fastest	**...schnellste**	SHNEHL-steh
...most interesting	**...interessanteste**	in-tehr-es-SAHN-tes-teh
Point it out on the map.	**Zeigen Sie es mir auf der Karte.**	TSĪ-gen zee es meer owf dehr KAR-teh
I'm lost.	**Ich habe mich verlaufen.**	ikh HAH-beh mikh fehr-LOWF-en
Where am I?	**Wo bin ich?**	voh bin ikh
Who am I?	**Wie heiße ich?**	vee HĪ-seh ikh
Where is...?	**Wo ist...?**	voh ist
Where is the nearest...?	**Wo ist der nächste...?**	voh ist dehr NEHKH-steh
Where is this address?	**Wo ist diese Adresse?**	voh ist DEE-zeh ah-DREHS-seh

Reading road signs:

Alle Richtungen	out of town (all destinations)
Ausfahrt	exit
Dreieck	"3-corner" or fork
Einbahnstrasse	one-way street
Einfahrt	entrance
Fussgänger	pedestrians
Gebühr	toll
Langsam	slow down

Parken verboten	no parking
Stadtmitte	to the center of town
Stopp	stop
Strassen-arbeiten	road workers ahead
Umleitung	detour
Vorfahrt beachten	yield
Zentrum	to the center of town

The shortest distance between any two points in Germany is the *Autobahn*. The right to no speed limit is as close to the average German driver's heart as the right to bear arms is to many American hearts. To survive, never cruise in the passing lane. While it seems all roads lead to the little town of *Ausfahrt*, that is the German word for exit. The *Autobahn* information magazine, available at any *Autobahn Tankstelle* (gas station), lists all road signs, *Autobahn* interchanges, and the hours and facilities available at various rest stops. Missing an *Autobahn* turnoff can cost you lots of time and miles -- be alert for *Autobahn Kreuz* (intersection) signs.

As in any country, the flashing lights of a patrol car are a sure sign that someone's in trouble. If it's you, practice this handy phrase: *"Tut mir leid, ich bin Tourist"* (Sorry, I'm a tourist).

Other signs you may bump into:

besetzt	occupied
Damen	women
Eintritt frei	free admission
Gefahr	danger
geöffnet von... bis...	open from... to...
geöffnet	open
geschlossen	closed
Herren	men
kein Eingang, keine Einfahrt	no entry
kein Trinkwasser	undrinkable water
lebensgefährlich	extremely dangerous
nicht rauchen	no smoking
Notausgang	emergency exit
Toiletten	toilet
Verboten	forbidden
Vorsicht	caution
WC	toilet
wegen Umbau geschlossen	closed for restoration
wegen Ferien geschlossen	closed for vacation
zu verkaufen	for sale
zu vermieten	for rent or for hire
Zugang verboten	keep out

Telephones

Key telephone words:

telephone	**Telefon**	tel-eh-FOHN
operator	**Vermittlung**	fehr-MIT-loong
international assistance	**Internationale Auskunft**	in-tehr-naht-see-oh-NAH-leh OWS-koonft
country code	**Landesvorwahl**	LAHN-des-for-vahl
area code	**Vorwahl**	FOR-vahl
phone card	**Telefonkarte**	tel-eh-FOHN-kar-teh
telephone book	**Telefonbuch**	tel-eh-FOHN-bookh
yellow pages	**Gelbe Seiten**	GEHLP-eh ZĪ-ten
toll-free	**gebührenfrei**	geh-BEW-ren-frī
out of service	**Außer Betrieb**	OW-ser beh-TREEP

Handy phone phrases:

I'd like to telephone the USA.	**Ich möchte einen Anruf nach USA machen.**	ikh MURKH-teh Ī-nen AHN-roof nahkh oo es ah MAHKH-en
What is the cost per minute?	**Wieviel kostet es pro Minute?**	vee-FEEL KOS-tet es proh mee-NOO-teh
I'd like to make a... call.	**Ich möchte ein... machen.**	ikh MURKH-teh īn... MAHKH-en
...local	**...Ortsgespräch**	ORTS-geh-shpraykh
...collect	**...Rückgespräch**	REWK-geh-shpraykh
...credit card	**...Kreditkartengespräch**	kreh-DEET-kar-ten-geh-shpraykh

38 Telephones

...person to person	**...Gespräch mit Voranmeldung**	geh-SHPRAYKH mit FOR-ahn-MEHL-doong
...long distance	**...Ferngespräch**	FEHRN-geh-shpraykh
Where is the nearest phone?	**Wo ist das nächste Telefon?**	voh ist dahs NEHKH-steh tel-eh-FOHN
It doesn't work.	**Es außer Betrieb.**	es OW-ser beh-TREEP
May I use your phone?	**Darf ich mal Ihr Telefon benutzen?**	darf ikh mahl eer tel-eh-FOHN beh-NOO-tsen
Can you dial for me?	**Können Sie für mich wählen?**	KURN-nen zee fewr mikh VAY-len
Can you speak for me?	**Können Sie für mich sprechen?**	KURN-nen zee fewr mikh SHPREH-khen
It's busy.	**Besetzt.**	beh-ZEHTST
Try again?	**Noch einmal versuchen?**	nokh ĪN-mahl fehr-ZOOKH-en
Hello. (picking up the phone)	**Ja, bitte?**	yah BIT-teh
My name is...	**Ich heiße...**	ikh HĪ-seh
My number is...	**Meine Telefonnummer ist...**	MĪ-neh tel-eh-FOHN-num-mer ist
Speak slowly and clearly.	**Sprechen Sie langsam und deutlich.**	SHPREH-khen zee LAHNG-zahm oont DOYT-likh
Wait a moment.	**Moment.**	moh-MEHNT
Don't hang up.	**Nicht auflegen.**	nikht OWF-lay-gen

In Germany it is considered polite to identify yourself by name at the beginning of every phone conversation. For more telephone tips, see "Let's Talk Telephones" later in this book.

Finding a Room

If you keep it very simple and use these phrases, you will be able to reserve a hotel room over the phone. A good time to reserve a room is the morning of the day you plan to arrive. You'll find related words and phrases in the Telephone and Time sections.

Key room-finding words:

hotel	**Hotel**	hoh-TEHL
small hotel	**Pension**	pehn-see-OHN
room in a home or bed & breakfast	**Gästezimmer, Fremdenzimmer**	GEHS-teh-tsim-mer, FREHM-den-tsim-mer
youth hostel	**Jugendherberge**	YOO-gend-hehr-behr-geh
room	**Zimmer**	TSIM-mer
people	**Personen**	pehr-ZOH-nen
night	**Nacht**	nahkht
arrive	**kommen**	KOM-men
today	**heute**	HOY-teh
tomorrow	**morgen**	MOR-gen
vacancy	**Zimmer frei**	TSIM-mer frī
no vacancy	**belegt**	beh-LEHGT

40 Finding a Room

Handy hotel-hunting phrases:

English	German	Pronunciation
I'd like to reserve a room...	**Ich möchte ein Zimmer reservieren...**	ikh MURKH-teh īn TSIM-mer reh-zehr-VEER-en
Do you have a room...?	**Haben Sie ein Zimmer...?**	HAH-ben zee īn TSIM-mer
...for one person / two people	**...für eine Person / zwei Personen**	fewr Ī-neh pehr-ZOHN / tsvī pehr-ZOH-nen
...for tonight	**...für ab heute abend**	fewr ahp HOY-teh AH-bent
...for two nights	**...für zwei Nächte**	fewr tsvī NAYKH-teh
...for this Monday night	**...für die Nacht von Montag**	fewr dee nahkht fon MOHN-tahg
...for Monday, August 28	**...für Montag, den achtundzwanzigsten August**	fewr MOHN-tahg dayn AHKHT-oond-TSVAHN-tsig-sten ow-GUST
with / without / and	**mit / ohne / und**	mit / OH-neh / oont
...a toilet	**...einer Toilette**	Ī-ner toh-LEH-teh
...a shower	**...einer Dusche**	Ī-ner DOO-sheh
...a private bathroom	**...eigenes Bad**	Ī-geh-nes bahd
...a double bed	**...einem Doppelbett**	Ī-nem DOP-pel-bet
...twin beds	**...zwei Einzelbetten**	tsvī ĪN-tsel-bet-ten
...a view	**...einem Ausblick**	Ī-nem OWS-blick
with only a sink	**nur mit Waschbecken**	noor mit VAHSH-bek-en
How much does it cost?	**Wieviel kostet das?**	vee-FEEL KOS-tet dahs

You may hear: *"Tut mir leid"* (Sorry). *"Wir sind ausgebucht"* (The hotel is full). Or, *"Sie müssen vor sechzehn Uhr hier ankommen"* (You must arrive before 16:00).

Working out the details:

English	German	Pronunciation
My name is...	**Ich heiße...**	ikh HĪ-seh
I'm coming now.	**Ich komme jetzt.**	ikh KOM-meh yetst
I arrive in one hour.	**Ich komme in einer Stunde an.**	ikh KOM-meh in Ī-ner SHTOON-deh ahn
I arrive before 16:00.	**Ich komme vor sechzehn Uhr an.**	ikh KOM-meh for ZEHKH-tsayn oor ahn
We arrive Monday, depart Wednesday.	**Wir kommen am Montag an, und reisen am Mittwoch ab.**	veer KOM-men ahm MOHN-tahg ahn, oont RĪ-zen ahm MIT-vokh ahp
I have a reservation.	**Ich habe eine Reservierung.**	ikh HAH-beh Ī-neh reh-zehr-VEE-roong
Confirm my reservation.	**Meine Reservierung bestätigen.**	MĪ-neh reh-zehr-VEE-roong beh-SHTEHT-i-gen
I'll sleep anywhere. I'm desperate.	**Ich kann auf dem Fußboden schlafen. Ich bin am Verzweifeln.**	ikh kahn owf daym FOOS-boh-den SHLAH-fen. ikh bin ahm fehr-TSVĪ-feln
I have a sleeping bag.	**Ich habe einen Schlafsack.**	ikh HAH-beh Ī-nen SHLAHF-sahk
How much is your cheapest room?	**Wieviel kostet Ihr billigstes Zimmer?**	vee-FEEL KOS-tet eer BIL-lig-stes TSIM-mer
Is it cheaper if I stay three nights?	**Ist es billiger, wenn ich drei Nächte bleibe?**	ist es BIL-lig-er ven ikh drī NAYKH-teh BLĪ-beh
I'll stay three nights.	**Ich werde drei Nächte bleiben.**	ikh VEHR-deh drī NAYKH-teh BLĪ-ben

42 Finding a Room

Breakfast included?	**Frühstück eingeschlossen?**	FREW-shtewk ÎN-geh-shlos-sen
Is breakfast required?	**Ist Frühstück Bedingung?**	ist FREW-shtewk beh-DING-oong
How much without breakfast?	**Wieviel ohne Frühstück?**	vee-FEEL OH-neh FREW-shtewk
Complete price?	**Vollpreis?**	FOL-prīs
Service included?	**Bedienung eingeschlossen?**	beh-DEE-noong ÎN-geh-shlos-sen
Can I see the room?	**Kann ich das Zimmer sehen?**	kahn ikh dahs TSIM-mer ZAY-hen
Show me another room.	**Zeigen Sie mir ein anderes Zimmer.**	TSÎ-gen zee meer īn AHN-der-es TSIM-mer
Do you have something...?	**Haben Sie etwas...?**	HAH-behn zee EHT-vahs
...larger / smaller	**...größeres / kleineres**	GRUR-ser-es / KLÎ-ner-es
...better / cheaper	**...besseres / billigeres**	BEHS-ser-es / BIL-lig-er-es
...in the back	**...nach hinten hinaus**	nahkh HIN-ten hin-OWS
...quieter	**...ruhiger**	ROO-i-ger
No, thank you.	**Nein, danke.**	nīn DAHNG-keh
This is good.	**Dieses ist gut.**	DEE-zes ist goot
I'll take it.	**Ich nehme es.**	ikh NAY-meh es
My key, please.	**Meinen Schlüssel, bitte.**	MÎ-nen SHLEWS-sel BIT-teh
Sleep well.	**Schlafen Sie gut.**	SHLAH-fen zee goot
Good night.	**Gute Nacht.**	GOO-teh nahkht

Hotel help and hassles:

I'd like...	**Ich hätte gern...**	ikh HEH-teh gehrn
...clean sheets.	**...saubere Laken.**	ZOW-ber-eh LAH-ken
...a pillow.	**...ein Kissen.**	īn KIS-sen
...a blanket.	**...eine Decke.**	Ī-neh DEHK-eh
...a towel.	**...ein Handtuch.**	īn HAHND-tookh
...toilet paper.	**...Klopapier.**	KLOH-pah-peer
...a crib.	**...ein Kinderbett.**	īn KIN-der-bet
...a small extra bed.	**..ein kleines Extrabett.**	īn KLĪ-nes EHK-strah-bet
...silence.	**...Ruhe.**	ROO-heh
Is there an elevator?	**Gibt es einen Fahrstuhl?**	gipt es Ī-nen FAR-shtool
Come with me.	**Kommen Sie mit.**	KOM-men zee mit
I have a problem in my room.	**Es gibt ein Problem mit meinem Zimmer.**	es gipt īn proh-BLAYM mit MĪ-nem TSIM-mer
It smells bad.	**Es stinkt.**	es shtinkt
bugs	**Wanzen**	VAHN-tsen
mice	**Mäuse**	MOY-zeh
prostitutes	**Freudenmädchen**	FROY-den-mayd-yen
The bed is too soft / hard.	**Das Bett ist zu weich / hart.**	dahs bet ist tsoo vīkh / hart
I'm covered with bug bites.	**Ich bin mit Wanzenbissen übersäht.**	ikh bin mit VAHN-tsen-BIS-sen ew-ber-ZAYT
There is no hot water.	**Es gibt kein warmes Wasser.**	es gipt kīn VAR-mes VAHS-ser

44 Finding a Room

When is the water hot?	**Wann wird das Wasser warm?**	vahn virt dahs VAHS-ser varm
Where can I... my laundry?	**Wo kann ich meine Wäsche...?**	voh kahn ik MÎ-neh VEHSH-eh
...wash	**...waschen**	VAHSH-en
...hang	**...aufhängen**	OWF-heng-en
I'd like to stay another night.	**Ich möchte noch eine Nacht bleiben.**	ik MURKH-teh nokh Î-neh nahkht BLÎ-ben
Where shall I park?	**Wo soll ich parken?**	voh zol ik PAR-ken
What time do you lock up?	**Um wieviel Uhr schließen Sie ab?**	oom vee-FEEL oor SHLEE-sen zee ahp
What time is breakfast?	**Um wieviel Uhr gibt es Frühstück?**	oom vee-FEEL oor gipt es FREW-shtewk
Wake me at 7:00.	**Wecken Sie mich um sieben Uhr.**	VEHK-en zee mik oom ZEE-ben oor

Checking out:

I'll leave...	**Ich fahre... ab.**	ik FAH-reh... ahp
We'll leave...	**Wir fahren... ab.**	veer FAH-ren... ahp
...today / tomorrow.	**...heute / morgen**	HOY-teh / MOR-gen
When is check-out time?	**Wann muß ich das Zimmer verlassen?**	vahn mus ik dahs TSIM-mer fehr-LAHS-sen
Can I pay now?	**Kann ich bitte zahlen?**	kahn ik BIT-teh TSAH-len
The bill, please.	**Die Rechnung, bitte.**	dee REHKH-noong BIT-teh
Can I pay with a credit card?	**Kann ich mit Kreditkarte bezahlen?**	kahn ik mit kreh-DEET-kar-teh beh-TSAH-len

I slept like an angel.	**Ich habe wie ein Engel geschlafen.**	ikh HAH-beh vee īn ENG-el geh-SHLAH-fen
Everything was great.	**Alles war gut.**	AHL-les var goot
Can I leave my bag here until...?	**Kann ich meine Tasche hier lassen bis...?**	kahn ikh MĪ-neh TAH-sheh heer LAHS-sen bis
Can we leave our bags until...?	**Können wir unsere Taschen hier lassen bis...?**	KURN-nen veer OON-seh-reh TAH-shen heer LAHS-sen bis

Camping:

Where is a campground?	**Wo ist ein Campingplatz?**	voh ist īn KAHM-ping-plahts
Can I...?	**Kann ich...?**	kahn ikh
Can we...?	**Können wir...?**	KURN-nen veer
...camp here for one night	**...hier eine Nacht zelten**	heer Ī-neh nahkht TSEHL-ten
Are showers included?	**Duschen eingeschlossen?**	DOO-shen ĪN-geh-shlos-sen

Eating

Finding a restaurant:

Where's a good... restaurant?	**Wo ist hier ein gutes... Restaurant?**	voh ist heer īn GOO-tehs... res-tow-RAHNT
...cheap	**...billiges**	BIL-lig-es
...local-style	**...typisches**	TEW-pish-es
...untouristy	**...nicht für Touristen gedachtes**	nikht fewr too-RIS-ten geh-DAHKH-tes
...Chinese	**...chinesisches**	shee-NAYZ-ish-es
...fast food	**...Schnellimbiß**	shnel-IM-bis

Ordering meals:

What do you want?	**Was möchten Sie?**	vahs MURKH-ten zee
I'd like...	**Ich hätte gern...**	ikh HEHT-teh gehrn
...a table for two.	**...einen Tisch für zwei.**	Ī-nen tish fewr tsvī
...non-smoking.	**...Nichtraucher.**	NIKHT-rowkh-er
...just a drink.	**...nur etwas zu trinken.**	noor EHT-vahs tsoo TRINK-en
...a snack.	**...eine Kleinigkeit.**	Ī-neh KLĪ-nig-kīt

Eating

English	German	Pronunciation
I'd like to...	**Ich möchte...**	ikh MURKH-teh
...see the menu.	**...die Karte sehen.**	dee KAR-teh ZAY-hen
...order.	**...bestellen.**	beh-SHTEHL-len
...eat.	**...essen.**	EHS-sen
...pay.	**...zahlen.**	TSAHL-en
...throw up.	**...mich übergeben.**	mikh EW-ber-gay-ben
What do you recommend?	**Was schlagen Sie vor?**	vahs SHLAH-gen zee for
What's your favorite?	**Was ist Ihr Lieblingsessen?**	vahs ist eer LEEB-lings-es-sen
Is it...?	**Ist es...?**	ist es
...good	**...gut**	goot
...expensive	**...teuer**	TOY-er
...light	**...leicht**	līkht
...filling	**...sättigend**	SEHT-tee-gend
What's cheap and filling?	**Was ist billig und sättigend?**	vahs ist BIL-lig oont SEHT-tee-gend
What is fast?	**Was geht schnell?**	vahs gayt shnel
What is local?	**Was ist typisch?**	vahs ist TEW-pish
What is that?	**Was ist das?**	vahs ist dahs
Do you have...?	**Haben Sie...?**	HAH-ben zee
...an English menu	**...eine Speisekarte auf englisch**	Ī-neh SHPĪ-zeh-kar-teh owf ENG-lish
...a children's portion	**...einen Kinderteller**	Ī-nen KIN-der-tel-ler

Dietary restrictions:

I'm allergic to...	**Ich bin allergisch gegen...**	ikh bin ahl-LEHR-gish GAY-gen
I cannot eat...	**Ich darf... essen.**	ikh darf... EHS-sen
...dairy products.	**...keine Milchprodukte**	KĪ-neh milkh-proh-DOOK-teh
...fat.	**...kein Fett**	kīn fet
...meat.	**...kein Fleisch**	kīn flīsh
...salt.	**...kein Salz**	kīn zahlts
...sugar.	**...kein Zucker**	kīn TSOO-ker
I am diabetic.	**Ich bin Diabetiker.**	ikh bin dee-ah-BEHT-ee-ker
No alcohol.	**Kein alcohol.**	kīn AHL-koh-hohl
I am a...	**Ich bin...**	ikh bin
...vegetarian.	**...Vegetarier.**	veh-geh-TAR-ee-er
...strict vegetarian.	**...strenger Vegetarier.**	SHTREHNG-er veh-geh-TAR-ee-er
...carnivore.	**...Fleischfresser.**	FLĪSH-fres-ser

Key menu words:

breakfast	**Frühstück**	FREW-shtewk
lunch	**Mittagessen**	MIT-tahg-es-sen
dinner	**Abendessen**	AH-bent-es-sen
menu of the day	**Tagesmenü**	TAH-ges-meh-NEW
specialty of the house	**Spezialität des Hauses**	SHPAYT-see-ahl-ee-TAYT des HOW-zes
tourist menu	**Touristenmenü**	too-RIS-ten-meh-NEW

Eating

appetizers	**Vorspeise**	FOR-shpī-zeh
soup	**Suppe**	ZUP-peh
salad	**Salat**	zah-LAHT
bread	**Brot**	broht
first course	**erster Gang**	EHR-ster gahng
main course	**Hauptspeise**	HOWPT-shpī-zeh
meat	**Fleisch**	flīsh
poultry	**Geflügel**	geh-FLEW-gel
seafood	**Meeresfrüchte**	MEH-res-frewkh-teh
side dishes	**Beilagen**	BĪ-lah-gen
vegetables	**Gemüse**	geh-MEW-zeh
dessert	**Nachspeise**	NAHKH-shpī-zeh
beverages	**Getränke**	geh-TREHNK-eh
beer	**Bier**	beer
wine	**Wein**	vīn
cover charge	**Eintritt**	ĪN-trit
service included	**mit Bedienung**	mit beh-DEE-noong
service not included	**ohne Bedienung**	OH-neh beh-DEE-noong
with / and / or / without	**mit / und / oder / ohne**	mit / oont / OH-der / OH-neh

Restaurant requests and regrets:

A little.	**Ein bißchen.**	īn BIS-yen
More.	**Mehr.**	mehr
Another.	**Noch ein.**	nokh īn
I did not order this.	**Dies habe ich nicht bestellt.**	deez HAH-beh ikh nikht beh-SHTEHLT

50 Eating

English	German	Pronunciation
Is it included with the meal?	Ist das im Essen eingeschlossen?	ist dahs im EHS-sen IN-geh-shlos-sen
I'm in a hurry.	Ich habe wenig Zeit.	ikh HAH-beh VAY-nig tsīt
I have an appointment at...	Ich habe eine Verabredung um...	ikh HAH-beh Ī-neh fehr-AHP-reh-doong oom
When will the food be ready?	Wann ist das Essen fertig?	vahn ist dahs EHS-sen FEHR-tig
I've changed my mind.	Ich hab's mir anders überlegt.	ikh hahps meer AHN-ders EW-ber-legt
Can I get it "to go"?	Zum Mitnehmen?	tsoom MIT-nay-men
This is...	Dies ist...	deez ist
...delicious.	...lecker.	LEHK-er
...dirty.	...schmutzig.	SHMUT-tsig
...too greasy.	...zu fettig.	tsoo FEHT-tig
...too salty.	...zu salzig.	tsoo ZAHL-tsig
...undercooked.	...zu wenig gekocht.	tsoo VAY-nig geh-KOKHT
...overcooked.	...zu lang gekocht.	tsoo lahng geh-KOKHT
...inedible.	...nicht eßbar.	nikht EHS-bar
...cold.	...kalt.	kahlt
Can you heat this up?	Können Sie dies aufwärmen?	KURN-nen zee deez OWF-vehr-men
Yuk!	Igitt!	ee-GIT
Do any of your customers return?	Kommen Ihre Kunden je zurück?	KOM-men EER-eh KOON-den yay tsoo-REWK
Enough.	Genug.	geh-NOOG
Finished.	Fertig.	FEHR-tig
It tastes very good!	Schmeckt sehr gut!	shmehkht zehr goot
Excellent!	Ausgezeichnet!	ows-geh-TSĪKH-net

To show appreciation for a delicious meal, you can gently bring the fingers and thumb of your right hand together, raise them to your lips, kiss lightly, and gracefully toss your fingers and thumb into the air (but watch where they land).

Paying for your meal:

Waiter.	**Kellner.**	KEHL-ner
Waitress.	**Kellnerin.**	KEHL-ner-in
The bill, please.	**Die Rechnung, bitte.**	dee REHKH-noong BIT-teh
Separate checks.	**Getrennte Rechnung.**	geh-TREHN-teh REHKH-noong
Together.	**Gemeinsame Rechnung.**	geh-MĪN-zahm-eh REHKH-noong
Can I pay with a credit card?	**Kann ich mit Kreditkarte bezahlen?**	kahn ikh mit kreh-DEET-kar-teh beh-TSAH-len
Is there a cover charge?	**Kostet es Eintritt?**	KOS-tet es ĪN-trit
Is service included?	**Ist Bedienung eingeschlossen?**	ist beh-DEE-noong ĪN-geh-shlos-sen
This is not correct.	**Dies stimmt nicht.**	deez shtimt nikht
Can you explain this?	**Können Sie das erklären?**	KURN-nen zee dahs ehr-KLEHR-en
What if I wash the dishes?	**Und wenn ich die Teller abwasche?**	oont ven ikh dee TEHL-ler AHP-vah-sheh
Keep the change.	**Stimmt so.**	shtimt zoh
This is for you.	**Dies ist für Sie.**	deez ist fewr zee

52 Eating

What's on the table:

table	**Tisch**	tish
plate	**Teller**	TEHL-ler
napkin	**Serviette**	zehr-vee-EHT-teh
knife	**Messer**	MEHS-ser
fork	**Gabel**	GAH-bel
spoon	**Löffel**	LURF-fel
glass	**Glas**	glahs
carafe	**Flasche**	FLAH-sheh
water	**Wasser**	VAHS-ser

In many bars and restaurants you'll see tables with little *Stammtisch* ("this table reserved for our regulars") signs. Don't sit there unless invited by a local.

Edible extras:

bread	**Brot**	broht
large pretzels	**Bretzeln**	BREHT-tseln
butter	**Butter**	BUT-ter
margarine	**Margarine**	mar-gah-REE-neh
salt / pepper	**Salz / Pfeffer**	zahlts / FEHF-fer
sugar	**Zucker**	TSOO-ker
honey	**Honig**	HOH-nig
mild / sharp mustard	**milder / scharfer Senf**	MIL-der / SHAR-fer zenf
sweet mustard	**bayrischer Senf**	BĪ-rish-er zenf
mayonnaise	**Majonnaise**	mī-oh-NAYZ-eh
ketchup	**Ketchup**	"ketchup"
olives	**Oliven**	oh-LEEV-en
pickles	**Essiggurken**	EHS-sig-goor-ken
garlic	**Knoblauch**	kuh-NOH-blowkh

What's for breakfast:

breakfast	**Frühstück**	FREW-shtewk
an egg / eggs	**ein Ei / Eier**	īn ī / Ī-er
fried eggs	**Spiegeleier**	SHPEE-gel-ī-er
scrambled eggs	**Rühreier**	REW-rī-er
soft boiled / hard boiled	**weichgekocht / hartgekocht**	VĪKH-geh-kokht / HART-geh-kokht
omelette	**Omelett**	OM-let
ham	**Schinken**	SHINK-en
cheese	**Käse**	KAY-zeh
roll	**Brötchen**	BRURT-yen
toast	**Toast**	tohst
jelly	**Gelee**	jeh-LEE
pastry	**Kuchen**	KOOKH-en
croissant	**Butterhörnchen**	BUT-ter-hurn-yen
yogurt	**Joghurt**	YOH-gurt
cereal	**Müsli**	MEWS-lee
milk	**Milch**	milkh
hot cocoa	**Heißer Kakao**	HĪ-ser kah-KOW
fruit juice	**Fruchtsaft**	FRUKHT-zahft
orange juice (fresh)	**Orangensaft (frischgepreßt)**	oh-RAHN-jen-zahft (frish-geh-PREHST)
tea / lemon	**Tee / Zitrone**	tee / tsee-TROH-neh
coffee (see Drinking)	**Kaffee**	kah-FAY
Is breakfast included in the room cost?	**Ist Frühstück eingeschlossen?**	ist FREW-shtewk ĪN-geh-shlos-sen

54 Eating

Germans have an endearing and fun-to-mimic habit of greeting others in the breakfast room with a slow, miserable *"Morgen"* (Morning). If breakfast is optional, take a walk to the ***Bäckerei-Konditorei*** (bakery). Germany is famous for this special cultural attraction -- more varieties of bread, pastries, and cakes than you ever imagined, baked fresh every morning and throughout the day. Sometimes a cafe is part of a ***Konditorei.***

Soups and salads:

soup	**Suppe**	ZUP-peh
clear soup	**Klare Brühe**	KLAH-reh BREW-heh
meat broth	**Fleischbrühe**	FLĪSH-brew-heh
chicken broth...	**Hühnerbrühe...**	HEW-ner-brew-heh
...with noodles	**...mit Nudeln**	mit NOO-deln
...with rice	**...mit Reis**	mit rīs
vegetable soup	**Gemüsesuppe**	geh-MEW-zeh-zup-peh
green salad	**Grüner Salat**	GREW-ner zah-LAHT
chef's salad	**gemischter Salat des Hauses**	geh-MISH-ter zah-LAHT des HOW-zes
mixed salad	**Gemischter Salat**	geh-MISCH-ter zah-LAHT
lettuce	**Salat**	zah-LAHT
tomatoes	**Tomaten**	toh-MAH-ten
cucumber	**Gurken**	GUR-ken
no / a little / more	**kein / ein wenig / mehr**	kīn / īn VAY-nig / mehr
oil / vinegar	**Öl / Essig**	url / EHS-sig

Eating

salad dressing	**Salatsoße**	zah-LAHT-zoh-seh
dressing on the side	**Salatsoße extra**	zah-LAHT-zoh-seh EHK-strah
What is in this salad?	**Was ist in diesem Salat?**	vahs ist in DEE-zem zah-LAHT

Seafood:

seafood	**Meeresfrüchte**	MEH-res-frewkh-teh
assorted seafood	**gemischte Meeresfrüchte**	geh-MISH-teh MEH-res-frewkh-teh
fish	**Fisch**	fish
cod	**Dorsch**	dorsh
salmon	**Lachs**	lahks
trout	**Forelle**	foh-REHL-leh
tuna	**Thunfisch**	TUN-fish
herring	**Hering**	HEHR-ing
anchovies	**Anschovis**	ahn-SHOH-vis
clams	**Muscheln**	MOO-sheln
mussels	**Miesmuscheln**	MEES-moo-sheln
oysters	**Austern**	OWS-tern
shrimp	**Krabben**	KRAH-ben
prawns	**Garnelen**	gar-NAY-len
crab	**Krebs**	krayps
lobster	**Hummer**	HUM-mer
squid	**Tintenfisch**	TIN-ten-fish
Where did this live?	**Wo hat dieses Tier gelebt?**	voh haht DEE-zes teer geh-LAYPT

56 Eating

Poultry and meat:

bacon	speck	
poultry	**Geflügel**	geh-FLEW-gel
chicken	**Hühnchen**	HEWN-yen
turkey	**Pute**	POO-teh
duck	**Ente**	EHN-teh
meat	**Fleisch**	flīsh
beef	**Rindfleisch**	rint-FLĪSH
roast beef	**Rinderbraten**	RIN-der-brah-ten
beef steak	**Beefsteak**	BEEF-shtayk
meat stew	**Fleischragout**	flīsh-rah-GOO
veal	**Kalbfleisch**	KAHLP-flīsh
cutlet	**Kotelett**	KOT-let
pork	**Schweinefleisch**	SHVĪ-neh-flīsh
ham	**Schinken**	SHINK-en
lamb	**Lamm**	lahm
bunny	**Kaninchen**	kah-NEEN-yen
organs	**Innereien**	in-neh-RĪ-en
liver	**Leber**	LAY-ber
tripe	**Kutteln**	KUT-teln
How long has this been dead?	**Wie lange ist dieses Tier schon tot?**	vee LAHNG-eh ist DEE-zes teer shohn toht

How it's prepared:

hot	**heiß**	hīs
cold	**kalt**	kahlt
raw	**roh**	roh
cooked	**gekocht**	geh-KOKHT
baked	**gebacken**	geh-BAH-ken
boiled	**gekocht**	geh-KOKHT
deep-fried	**frittiert**	FRIT-ti-ert
fillet	**Filet**	fil-AY
fresh	**frisch**	frish
fried	**gebraten**	geh-BRAH-ten
grilled	**gegrillt**	geh-GRILT
microwave	**Mikrowelle**	MEE-kroh-vel-leh
mild	**mild**	mild (~ "chilled")
poached	**pochieren**	pohkh-EE-ren
roasted	**geröstet**	geh-RURS-tet
sautéed	**sauté**	SOW-tay
smoked	**geräuchert**	geh-ROYKH-ert
spicy hot	**scharf**	sharf
steamed	**gedünstet**	geh-DEWN-stet
stuffed	**gefüllt**	geh-FEWLT

Don't expect your waiter or waitress to ask you how you'd like your meat prepared. If vaguely medium isn't what you want, you'll need to specify when you order (see the next page).

58 Eating

Avoiding mis-steaks:

raw	**roh**	roh
rare	**halbgar**	HAHLP-gar
medium	**mittel**	MIT-tel
well-done	**durchgebraten**	DURKH-geh-brah-ten
almost burnt	**fast verkohlt**	fahst fehr-KOHLT

The best of the wurst:

Blutwurst	made from (gulp!) blood
Bratwurst	pork sausage, 2 inches in diameter, grilled or fried
mit Kraut	with sauerkraut
Nürnberger	spicy pork sausage, grilled or fried, smaller than a hot dog
Schweinewurst	pork sausage
Weisswurst	white boiled veal that falls apart when you cut it. Don't eat the skin!

Meaty / cheesy German specialties:

Brotzeit-Teller	plate of assorted meats and cheeses
Fleischfondue	meat cubes cooked in a pot of boiling oil and dipped in sauces
Fondue (Switzerland)	bread cubes dipped in mixture of melted cheese and white wine
Gulaschsuppe	goulash soup, usually spicy
Handkäse	curd cheese

Knödel	dense dumpling
Leberkäse	high quality Spam
Leberknödelsuppe	liver dumpling soup (tastes much better than it looks and sounds!)
Maultaschen	ravioli filled with meat or cheese, in soup or grilled
Raclette (Switzerland)	melted cheese, ham, boiled potatoes and a pickle
Rösti	Swiss hashbrowns
Sauerbraten	braised beef, marinated in vinegar
Schlachtplatte	assorted cold meats (schlachten = slaughter, Schlacht = battle)
Schnitzel	thin slice of pork or veal, usually breaded
Schwarzwälder Schinken	smoked, cured ham

Styles of cooking to watch for:

Bauern	farmer style, with potatoes (good and hearty)
Französisch	French
Italienisch	Italian
Jäger	hunter style, with mushrooms and wine gravy
Wiener	Viennese, breaded and fried

Veggies, rice and pasta:

vegetables	**Gemüse**	geh-MEW-zeh
mixed vegetables	**Gemischtes Gemüse**	geh-MISH-tes geh-MEW-zeh
artichoke	**Artischocke**	art-i-SHOH-keh
asparagus	**Spargel**	SHPAR-gel
beans	**Bohnen**	BOH-nen
beets	**Rote Beete**	ROH-teh BEE-teh
broccoli	**Brokkoli**	BROK-koh-lee
cabbage	**Kohl**	kohl
carrots	**Karotten**	kah-ROT-ten
cauliflower	**Blumenkohl**	BLOO-men-kohl
corn	**Mais**	mīs
eggplant	**Aubergine**	OH-behr-zhee-neh
green beans	**Grüne Bohnen**	GREW-neh BOH-nen
green peppers	**Paprikaschoten**	PAH-pree-kah-shoh-ten
mushrooms	**Champignons**	SHAHM-pin-yohn
onions	**Zwiebeln**	TSVEE-beln
peas	**Erbsen**	EHRB-zen
spinach	**Spinat**	SHPEE-naht
zucchini	**Zuccini**	TSOO-kee-nee
potatoes	**Kartoffeln**	kar-TOF-feln
French fries	**Pommes frites**	pom frits
rice	**Reis**	rīs
pasta	**Nudeln**	NOO-deln
spaghetti	**Spaghetti**	shpah-GEH-tee

boiled German-style noodles	**Spätzle**	SHPEHTS-leh

Say cheese:

cheese	**Käse**	KAY-zeh
goat cheese	**Ziegenkäse**	TSEE-gen-kay-zeh
bleu cheese	**Blaukäse**	BLOW-kay-zeh
mild cheese	**milder Käse**	MIL-der KAY-zeh
cream cheese	**Streichkäse**	SHTRĪKH-kay-zeh
Swiss cheese	**Schweizer Käse**	SHVĪ-tser KAY-zeh
May I taste a little?	**Kann ich ein bißchen probieren?**	kahn ikh īn BIS-yen PROH-beer-en

Juicy fruits:

fruit	**Obst**	ohpst
apple	**Apfel**	AHP-fel
apricot	**Aprikose**	ahp-ri-KOH-zeh
banana	**Banane**	bah-NAH-neh
berries	**Beeren**	BEHR-en
cherry	**Kirsche**	KEER-sheh
coconut	**Kokosnuß**	KOH-kohs-noos
date	**Dattel**	DAHT-tel
fig	**Feige**	FĪ-geh
grapefruit	**Pampelmuse**	PAHM-pel-moo-zeh
grapes	**Trauben**	TROW-ben
lemon	**Zitrone**	tsee-TROH-neh

62 Eating

melon	**Melone**	meh-LOH-neh
orange	**Apfelsine**	ahp-fel-ZEE-neh
peach	**Pfirsich**	FEER-zikh
pear	**Birne**	BEER-neh
pineapple	**Ananas**	AHN-ahn-ahs
plum	**Pflaume**	FLOW-meh
prune	**Backpflaumen**	BAHK-flow-men
raspberry	**Himbeere**	HIM-behr-eh
strawberry	**Erdbeere**	EHRT-behr-eh
tangerine	**Mandarine**	mahn-dah-REEN
watermelon	**Wassermelone**	VAHS-ser-meh-loh-neh

Nuts to you:

almond	**Mandel**	MAHN-del
chestnut	**Kastanie**	KAHS-tah-nee
hazelnut	**Haselnuß**	HAH-zel-noos
peanut	**Erdnuß**	EHRD-noos
walnut	**Wallnuß**	VAHL-noos

Teutonic treats:

dessert	**Nachspeise**	NAHKH-shpī-zeh
strudel	**Strudel**	SHTROO-del
cake	**Torte**	TOR-teh
ice cream	**Eis**	īs
sherbet	**Sorbet**	zor-BEHT
fruit cup	**Früchtebecher**	FREWKH-teh-bekh-er

tart	**Törtchen**	TURT-yen
pie	**Kuchen**	KOOKH-en
whipped cream	**Schlagsahne**	SHLAHG-zah-neh
mousse	**Mousse**	moos
pudding	**Pudding**	"pudding"
pastry	**Gebäck**	geh-BEHK
cookies	**Kekse**	KAYK-zeh
candy	**Bonbons**	BON-bons
low calorie	**kalorienarm**	kah-lor-EE-en-arm
homemade	**hausgemacht**	HOWS-geh-mahkht
Delicious!	**Köstlich / Lecker!**	KURST-likh / LEHK-er
Heavenly.	**Himmlisches.**	HIM-lish-es
I'm in seventh heaven.	**Ich bin im siebten Himmel.**	ikh bin im ZEEB-ten HIM-mel

Two great dessert specialties, especially for chocoholics, are Vienna's famous super chocolate cake, *Sachertorte,* and the Black Forest cherry cake called *Schwarzwälder Kirschtorte.* This diet-killing chocolate cake with cherries and rum can be found all over Germany.

Drinking

Water, milk and juice:

mineral water	**Mineralwasser**	min-eh-RAHL-vahs-ser
with / without carbonation	**mit / ohne Kohlensäure**	mit / OH-neh KOH-len-zoy-reh
tap water	**Leitungswasser**	LĪ-toongs-vahs-ser
milk	**Milch**	milkh
whole milk	**Vollmilch**	FOL-milkh
skim milk	**Magermilch**	MAH-ger-milkh
fresh milk	**frische Milch**	FRISH-eh milkh
milk shake	**Milchmixgetränk**	MILKH-mix-geh-trenk
hot chocolate	**Heiße Schokolade**	HĪ-seh shoh-koh-LAH-deh
fruit juice	**Fruchtsaft**	FRUKHT-zahft
orange juice	**Orangensaft**	oh-RAHN-jen-zahft
apple juice	**Apfelsaft**	AHP-fel-zahft
with / without ice	**mit / ohne Eis**	mit / OH-neh īs
glass / cup	**Glas / Tasse**	glahs / TAHS-seh
small / large bottle	**kleine / große Flasche**	KLĪ-neh / GROH-seh FLAH-sheh
Is the water safe to drink?	**Ist das Trinkwasser?**	ist dahs TRINK-vahs-ser

If you ask for *Wasser* in a German restaurant, you will be served carbonated water. Free tap water is *Leitungswasser*. Germans normally don't drink this at the table. If you want *Leitungswasser*, be persistent.

Drinking 65

Coffee and tea:

coffee	**Kaffee**	kah-FAY
espresso	**Espresso**	es-PREHS-soh
instant	**Pulverkaffee**	pool-ver-kah-FAY
iced coffee	**Eiskaffee**	ĪS-kah-fay
decaffeinated	**koffeinfrei**	koh-fay-IN-frī
black	**schwarz**	shvarts
with cream	**mit Sahne**	mit ZAH-neh
with sugar	**mit Zucker**	mit TSOO-ker
hot water	**heißes Wasser**	HĪ-ses VAHS-ser
tea / lemon	**Tee / Zitrone**	tee / tsee-TROH-neh
tea bag	**Teebeutel**	TEE-boy-tel
herbal tea	**Kräutertee**	KROY-ter-tee
iced tea	**Eistee**	ĪS-tee
small / big	**klein / groß**	klīn / grohs
Another cup.	**Noch eine Tasse.**	nokh Ī-neh TAHS-seh

Wine:

Typically you order a glass of wine by saying *"Ein Viertel"* (a quarter liter). Nearly all German wines are white. You can identify the origin of the wine by the color or shape of the bottle: Rhine - brown, Mosel - green, Franconian - jug-shaped. Switzerland makes a good white wine that is too expensive to export but worth trying during your visit. As you travel through wine-growing regions you'll see *probieren* signs inviting you in for a free (or nearly free) wine tasting.

Drinking

wine	**Wein**	vīn
house wine	**Hausmarke**	HOWS-mar-keh
local	**einheimisch**	ĪN-hī-mish
red	**rot**	roht
white	**weiß**	vīs
rose	**rosé**	roh-ZAY
sparkling	**sprudelnd**	SHPROO-delnd
sweet	**süß**	zews
medium	**halbtrocken**	HAHLP-trok-en
dry	**trocken**	TROK-en
very dry	**sehr trocken**	zehr TROK-en
a quarter liter...	**ein Viertel...**	īn FEER-tel
a carafe...	**eine Karaffe...**	Ī-neh kah-RAHF-eh
...of red wine	**...Rotwein**	ROHT-vīn
...of white wine	**...Weißwein**	VĪS-vīn
a half bottle	**eine halbe Flasche**	Ī-neh HAHL-beh FLAH-sheh
a bottle	**eine Flasche**	Ī-neh FLAH-sheh
The wine list.	**Die Weinkarte.**	dee VĪN-kar-teh

Types of German wines:

Tafelwein	table wine
Apfelwein	apple wine (Frankfurt)
Spätlese	dry wine
Auslese	slightly dry wine
Beerenauslese	sweet, from shriveled late harvest grapes

Drinking 67

Eiswein		super-sweet, from frozen shriveled late harvest grapes
Trockenbeeren Auslese		sweet dessert wine
Kabinett		select wine
Qualitätswein		better quality wine
Qualitätswein mit Prädikat		best quality wine
Schnaps		high-alcohol brandy (firewater!)
Kirschschnaps		high-alcohol cherry brandy

Beer:

beer	**Bier**	beer
from the tap	**vom Faß**	fom fahs
light / dark	**helles / dunkles**	HEHL-les / DUNK-les
local / imported	**einheimisch / importiert**	ĪN-hī-mish / im-por-tee-ERT
small / large	**kleines / großes**	KLĪ-nes / GROH-ses
half liter	**ein Halbes**	īn HAHL-bes
liter	**ein Mass**	īn mahs
alcohol-free	**alkoholfrei**	ahl-koh-HOHL-frī
cold	**kalt**	kahlt

Germany is Europe's beer capital. *Pils* is barley-based, *Weizen* is wheat-based, and *Malzbier* is the non-alcoholic malt beer that children learn on. *Radler* is a surprisingly tasty mix of beer and lemonade, and a *Berliner Weisse mit Schuß* is a wheat beer with a shot of fruit syrup. When you order beer, ask for *"Ein Halbes"* for a half liter or *"Ein Mass"* for a whole liter.

68 Drinking

Some beer halls serve beer only by the liter (about a quart)! Children are welcome in beer halls.

Bar talk:

What would you like?	**Was darf ich bringen?**	vahs darf ikh BRING-en
local specialty	**einheimische Spezialität**	ĪN-hī-mish-eh SHPAYT-see-ahl-ee-TAYT
straight	**pur**	poor
with / without...	**mit / ohne...**	mit / OH-neh
...alcohol	**...Alkohol**	AHL-koh-hohl
...ice	**...Eis**	īs
One more.	**Noch eins.**	nokh īns
Cheers!	**Prost!**	prohst
To your health!	**Auf Ihre Gesundheit!**	owf EER-eh geh-ZOOND-hīt
Long life!	**Langes Leben!**	LAHNG-es LAY-ben
I'm feeling...	**Ich bin...**	ikh bin
...a little drunk.	**...ein bißchen betrunken.**	īn BIS-yen beh-TRUNK-en
...blitzed. (colloq.)	**...völlig blau.**	FOL-lig blow (~ "cow")

Groceries and Picnics

Building your own meal:

market (open air)	**Markt**	markt
grocery store	**Lebensmittelgeschäft**	LAY-bens-mittel-geh-SHEHFT
supermarket	**Supermarkt**	ZOO-per-markt
Is it self-service?	**Selbstbedienung?**	ZEHLPST-beh-dee-noong
picnic	**Picknick**	PIK-nik
sandwich	**belegtes Brot**	beh-LEHG-tes broht
bread	**Brot**	broht
dark bread	**Vollkornbrot**	FOL-korn-broht
light bread	**Weißbrot**	VĪS-broht
whole wheat bread	**Graubrot**	GROW-broht
roll	**Brötchen**	BRURT-yen
sausage	**Wurst**	vurst
ham	**Schinken**	SHINK-en
cheese	**Käse**	KAY-zeh
a piece	**ein Stück**	īn shtewk
a slice	**eine Scheibe**	Ī-neh SHĪ-beh
sliced	**in Scheiben**	in SHĪ-ben
50 grams	**fünfzig Gramm**	FEWNF-tsig grahm
100 grams	**hundert Gramm**	HOON-dert grahm
more / less	**mehr / weniger**	mehr / VAY-nig-er
yogurt	**Joghurt**	YOH-gurt

Groceries and Picnics

plastic spoon	**Plastiklöffel**	PLAHS-tik-LURF-fel
paper plate	**Papierteller**	pah-PEER-tel-ler
Can you make me a sandwich?	**Können Sie mir ein belegtes Brot machen?**	KURN-nen zee meer in beh-LEHG-tes broht MAHKH-en
To take out.	**Zum Mitnehmen.**	tsoom MIT-nay-men
Is there a park nearby?	**Gibt es einen Park in der Nähe?**	gipt es Ī-nen park in dehr NAY-heh
May we picnic here?	**Dürfen wir hier ein Picknick machen?**	DEWR-fen veer heer in PIK-nik MAHKH-en
Enjoy your meal!	**Guten Appetit!**	GOO-ten ah-peh-TEET

You can easily make your own sandwiches by getting the ingredients at a *Lebensmittelgeschäft* (grocery store) or *Markt* (open air market). You can buy meat and cheese by the gram. One hundred grams is about a quarter pound, enough for two sandwiches.

Sightseeing

Handy sightseeing questions:

English	German	Pronunciation
Where is... / Where are...?	Wo ist... / Wo sind...?	voh ist / voh zint
...the best view	...der beste Ausblick	dehr BEHS-teh OWS-blick
...the main square	...der Hauptplatz	dehr HOWPT-plahts
...the old town center	...die Altstadt	dee AHLT-shtaht
...the museum	...das Museum	dahs moo-ZAY-um
...the castle	...die Burg	dee burg
...the palace	...das Schloß	dahs shlos
...the ruins	...die Ruine	dee roo-EE-neh
...a fair	...ein Jahrmarkt	īn YAR-markt
...the tourist information office	...das Touristen-informationsbüro	dahs too-RIS-ten-in-for-maht-see-OHNS-bew-roh
Do you have... in English?	Haben Sie... auf englisch?	HAH-ben zee... owf ENG-lish
...information	...Broschüren	BROH-shewr-en
...guidebooks	...Führer	FEWR-er
...tours	...Führungen	FEW-roong-en
When is the next tour...?	Wann ist die nächste Führung...?	vahn ist dee NEHKH-steh FEW-roong
...in English	...auf englisch	owf ENG-lish
Is it free?	Ist es umsonst?	ist es oom-ZONST
How much does it cost?	Wieviel kostet das?	vee-FEEL KOS-tet dahs

72 Sightseeing

Is there a discount for...?	**Gibt es Ermäßigung für...?**	gipt es ehr-MAY-see-goong fewr
...students	**...Studenten**	shtoo-DEHN-ten
...seniors	**...Senioren**	zen-YOR-en
...youth	**...Kinder**	KIN-der
Is the ticket good all day?	**Gilt die Karte den ganzen Tag lang?**	gilt dee KAR-teh dayn GAHN-tsen tahg lahng
What time does this...?	**Um wieviel Uhr ist hier...?**	oom vee-FEEL oor ist heer
...open	**...geöffnet**	geh-URF-net
...close	**...geschlossen**	geh-SHLOS-sen
What time is the last entry?	**Wann ist letzter Einlaß?**	vahn ist LEHTS-ter ĪN-lahs
I beg of you, PLEASE let me in!	**Ich flehe Sie an, lassen Sie mich hinein!**	ikh FLAY-heh zee ahn, LAHS-sen zee mikh hin-ĪN
I've traveled all the way from...	**Ich bin extra aus... gekommen.**	ikh bin EHK-strah ows... geh-KOM-men
I must leave tomorrow.	**Ich muß morgen abreisen.**	ikh mus MOR-gen AHP-rī-zen

In the museum:

Where can I find this? (point to photo)	**Wo kann ich dies finden?**	voh kahn ikh deez FIN-den
I'd like to see...	**Ich möchte gerne... sehen.**	ikh MURKH-teh GEHR-neh... ZAY-hen
Are photos / videos allowed?	**Ist fotografieren / filmen erlaubt?**	ist foh-toh-grah-FEER-en / FIL-men ehr-LOWPT

No flash / tripod.	**Blitzlicht / Stativ verboten.**	BLITS-likht / shtah-TEEF fehr-BOH-ten
I like it.	**Es gefällt mir.**	es geh-FEHLT meer
It's so...	**Es ist so...**	es ist zoh
...beautiful.	**...schön.**	shurn
...ugly.	**...häßlich.**	HEHS-likh
...strange.	**...seltsam.**	ZEHLT-zahm
...boring.	**...langweilig.**	LAHNG-vī-lig
...interesting.	**...interessant.**	in-tehr-es-SAHNT
Wow!	**Fantastisch / Toll!**	fahn-TAHS-tish / tol
My feet have had it!	**Meine Füße sind ganz plattgelaufen!**	MĪ-neh FEW-seh zint gahnts PLAHT-geh-LOWF-en
I'm exhausted!	**Ich bin fertig!**	ikh bin FEHR-tig

Art and architecture:

art	**Kunst**	kunst
artist	**Künstler**	KEWNST-ler
painting (n)	**Gemälde**	geh-MAYL-deh
self portrait	**Selbstporträt**	ZEHLPST-por-tray
sculptor	**Bildhauer**	BILT-how-er
sculpture	**Skulptur**	SKULP-toor
architect	**Architekt**	ARKH-i-tekt
architecture	**Architektur**	ARKH-i-tek-toor
original	**Original**	oh-rig-ee-NAHL
restored	**restauriert**	res-tow-REE-ert
B.C.	**vor Christus**	for KRIS-tus

Sightseeing

A.D.	**nach Christus**	nahkh KRIS-tus
century	**Jahrhundert**	yar-HOON-dert
style	**Stil**	shteel
Abstract	**Abstrakt**	ahp-STRAHKT
Ancient	**Altertümlich**	AHL-ter-tewm-likh
Art Nouveaux	**Jugendstil**	YOO-gend-shteel
Baroque	**Barock**	bah-ROK
Classical	**Klassisch**	KLAHS-sish
Gothic	**Gothisch**	GOH-tish
Impressionist	**Impressionistisch**	im-preh-see-oh-NIS-tish
Medieval	**Mittelalterlich**	MIT-tel-ahl-ter-likh
Modern	**Modern**	moh-DEHRN
Renaissance	**Renaissance**	REHN-ah-sahns
Romanesque	**Romanisch**	roh-MAHN-ish
Romantic	**Romantik**	roh-MAHN-tik

Castles and palaces:

castle	**Burg**	burg
palace	**Schloß**	shlos
ballroom	**Ballsaal**	BAHL-zahl
kitchen	**Küche**	KEWKH-en
cellar	**Keller**	KEHL-ler
dungeon	**Verlies**	FEHR-lees
fortified wall	**Burgmauer**	BURG-mow-er
tower	**Turm**	turm
fountain	**Brunnen**	BRUN-nen

garden	**Garten**	GAR-ten
king	**König**	KUR-nig
queen	**Königin**	KUR-nig-in
knights	**Ritter**	RIT-ter

Religious words:

cathedral	**Kathedrale**	kah-tee-DRAH-leh
church	**Kirche**	KEERKH-eh
monastery	**Kloster**	KLOHS-ter
synagogue	**Synagoge**	zin-ah-GOH-geh
chapel	**Kapelle**	kah-PEHL-leh
altar	**Altar**	ahl-TAR
cross	**Kreuz**	kroyts
crypt	**Krypte**	KRIP-teh
dome	**Kuppel**	KUP-pel
organ	**Orgel**	ORG-el
relic	**Reliquie**	reh-LEEK-wee-eh
saint	**Heiliger**	HĪ-lig-er
God	**Gott**	got
Jewish	**jüdisch**	YEW-dish
Christian	**christlich**	KRIST-likh
Protestant	**evangelisch**	eh-vahn-GAY-lish
Catholic	**katholisch**	kah-TOH-lish
When is the service?	**Wann ist der Gottesdienst?**	vahn ist dehr GOT-tes-deenst
Are there church concerts?	**Gibt es Kirchenkonzerte?**	gipt es keerkh-en-kon-TSEHR-teh

Shopping

Names of shops:

antiques	**Antiquitäten**	ahn-tee-kwee-TAY-ten
art gallery	**Kunstgalerie**	kunst-gah-lehr-EE
bakery	**Bäckerei**	bek-eh-RĪ
barber shop	**Herrenfrisör**	hehr-ren-friz-UR
beauty parlor	**Damenfrisör**	dah-men-friz-UR
book shop	**Buchladen**	BOOKH-lah-den
camera shop	**Photoladen**	FOH-toh-lah-den
department store	**Kaufhaus**	KOWF-hows
flea market	**Flohmarkt**	FLOH-markt
flower market	**Blumenmarkt**	BLOO-men-markt
grocery store	**Lebensmittel-geschäft**	LAY-bens-mit-tel-geh-SHEHFT
jewelry shop	**Schmuckladen**	SHMUK-lah-den
laundromat	**Waschsalon**	VAHSH-zah-lon
newsstand	**Zeitungsstand**	TSĪ-toongs-shtahnt
open air market	**Markt**	markt
pharmacy	**Apotheke**	ah-poh-TAY-keh
shopping mall	**Shopping Center**	"shopping center"
souvenir shop	**Andenkenladen**	AHN-denk-en-LAH-den
supermarket	**Supermarkt**	ZOO-per-markt
toy store	**Spielzeugladen**	SHPEEL-tsoyg-lah-den
travel agency	**Reiseagentur**	RĪ-ZEH-ah-gen-tur

used bookstore	**Bücher aus zweiter Hand**	BOOKH-er ows TSVĪ-ter hahnd
wine shop	**Weinhandlung**	VĪN-hahnd-loong

Most businesses close from 12:00 to 15:00 on weekday afternoons and all day on Sundays. Typical hours are Monday through Friday 9:00 to 18:00, Saturday 9:00 to 13:00. Some stores stay open Thursdays until 21:00.

Shop till you drop:

sale	**Ausverkauf**	OWS-fehr-kowf
good value	**preiswert**	PRĪS-vehrt
How much does it cost?	**Wieviel kostet das?**	vee-FEEL KOS-tet dahs
I'd like...	**Ich möchte...**	ikh MURKH-teh
Do you have...?	**Haben Sie...?**	HAH-ben zee
...more	**...mehr**	mehr
...something cheaper	**...etwas billigeres**	EHT-vahs BIL-lig-er-es
This one.	**Dieses.**	DEE-zes
Can I try it on?	**Kann ich es anprobieren?**	kahn ikh es AHN-proh-beer-en
Do you have a mirror?	**Haben Sie einen Spiegel?**	HAH-ben zee Ī-nen SHPEE-gel
It's too big / small / expensive.	**Es ist zu groß / klein / teuer.**	es ist tsoo grohs / klīn / TOY-er
Did you make this?	**Haben Sie das gemacht?**	HAH-behn zee dahs geh-MAHKHT

Shopping

English	German	Pronunciation
What is it made out of?	**Was ist das für Material?**	vahs ist dahs fewr mah-ter-ee-AHL
Is it machine washable?	**Ist es waschmaschinenfest?**	ist es VAHSH-mah-sheen-en-fest
Will it shrink?	**Läuft es ein?**	loyft es īn
Can I pay with a credit card?	**Kann ich mit Kreditkarte bezahlen?**	kahn ikh mit kreh-DEET-kar-teh beh-TSAH-len
Can you ship this?	**Können Sie das versenden?**	KURN-nen zee dahs fehr-ZEHN-den
I'll think about it.	**Ich denk drüber nach.**	ikh denk DREW-ber nahkh
What time do you close?	**Um wieviel Uhr schließen Sie?**	oom vee-FEEL oor SHLEE-sen zee
What time do you open tomorrow?	**Wann öffnen Sie morgen?**	vahn URF-nen zee MOR-gen
Is that your lowest price?	**Ist das der günstigste Preis?**	ist dahs dehr GEWN-stig-steh pris
My last offer.	**Mein letztes Angebot.**	mīn LEHTS-tes AHN-geh-boht
I'm nearly broke.	**Ich bin fast pleite.**	ikh bin fahst PLĪ-teh
I'm just browsing.	**Ich sehe mich nur um.**	ikh ZAY-heh mikh noor oom
My male friend...	**Mein Freund...**	mīn froynd
My female friend...	**Meine Freundin...**	MĪ-neh FROYN-din
My husband...	**Mein Mann...**	mīn mahn
My wife...	**Meine Frau...**	MĪ-neh frow
...has the money.	**...hat das Geld.**	haht dahs gelt

For colors and fabrics, see the *Rolling Rosetta Stone* Word Guide later in this book.

Mail

Licking the postal code:

German Postal Service	**Deutsche Bundespost**	DOY-cheh BOON-des-post
post office	**Postamt**	POST-ahmt
stamp	**Briefmarke**	BREEF-mar-keh
post card	**Postkarte**	POST-kar-teh
letter	**Brief**	breef
aerogram	**Luftpostpapier**	LUFT-post-pah-PEER
envelope	**Umschlag**	OOM-shlahg
package	**Paket**	pah-KAYT
box	**Karton**	kar-TON
string / tape	**Schnur / Klebeband**	shnoor / KLAY-beh-bahnd
mailbox	**Briefkasten**	BREEF-kahs-ten
air mail	**Luftpost**	LUFT-post
express mail	**Eilpost**	ÎL-post
slow and cheap	**langsam und billig**	LAHNG-zahm oont BIL-lig
book rate	**Büchersendung**	BEWKH-er-ZAYN-doong
registered	**Einschreiben**	ÎN-shrī-ben
insured	**versichert**	fehr-ZIKH-ert
fragile	**zerbrechlich**	tsehr-BREHKH-likh
contents	**Inhalt**	IN-hahlt
customs	**Zoll**	tsol
to	**nach**	nahkh
from	**von**	fon

80 Mail

address	**Adresse**	ah-DREHS-seh
zip code	**Postleitzahl**	POST-lit-tsahl
general delivery	**postlagernd**	POST-lah-gehrnt

Mail bonding:

Where is the post office?	**Wo ist das Postamt?**	voh ist dahs POST-ahmt
Which window for...?	**An welchem Schalter ist...?**	ahn VEHLKH-em SHAHL-ter ist
To America.	**Nach Amerika.**	nahkh ah-MEHR-ee-kah
How much does it cost?	**Wieviel kostet das?**	vee-FEEL KOS-tet dahs
How many... will it take?	**Wieviele... braucht das?**	vee-FEE-leh... browkht dahs
...days	**...Tage**	TAHG-eh
...weeks	**...Wochen**	VOKH-en
...months	**...Monate**	MOH-nah-teh

In Germany, Austria and Switzerland you can often get stamps at the corner *Tabakladen* (tobacco shop). As long as you know which stamps you need, this is a great convenience.

Time

It's about time:

What time is it?	**Wie spät ist es?**	vee shpayt ist es
It's...	**Es ist...**	es ist
...8:00.	**...acht Uhr.**	ahkht oor
...2:30. (half three)	**...halb drei.**	hahlp drī
...16:00.	**...sechzehn Uhr.**	ZEHKH-tsayn oor
...a quarter past three.	**...viertel nach drei.**	FEER-tel nahkh drī
...a quarter to eleven.	**...viertel vor elf.**	FEER-tel for elf
...about 4:00 in the afternoon.	**...ungefähr vier Uhr nachmittags.**	oon-geh-FEHR feer oor NAHKH-mit-tahgs
...noon.	**...Mittag.**	MIT-tahg
...midnight.	**...Mitternacht.**	MIT-ter-nahkht
...too early.	**...zu früh.**	tsoo frew
..too late.	**...zu spät.**	tsoo shpayt

Timely words:

minute	**Minute**	mee-NOO-teh
hour	**Stunde**	SHTOON-deh
in one hour	**in einer Stunde**	in Ī-ner SHTOON-deh
immediately	**jetzt**	yetst
anytime	**jederzeit**	yay-der-TSĪT
every hour	**jede Stunde**	YAY-deh SHTOON-deh
every day	**jeden Tag**	YAY-den tahg
May 15	**fünfzehnten Mai**	FEWNF-tsayn-ten mī

Time

morning	**Morgen**	MOR-gen
afternoon	**Nachmittag**	NAHKH-mit-tahg
evening	**Abend**	AH-bent
night	**Nacht**	nahkht
day	**Tag**	tahg
today	**heute**	HOY-teh
yesterday	**gestern**	GEH-stern
tomorrow	**morgen**	MOR-gen
tomorrow morning	**morgen früh**	MOR-gen frew
week	**Woche**	VOKH-eh
month	**Monat**	MOH-naht
year	**Jahr**	yar
last	**letzte**	LEHTS-teh
this	**diese**	DEE-zeh
next	**nächste**	NEHKH-steh
Monday	**Montag**	MOHN-tahg
Tuesday	**Dienstag**	DEEN-stahg
Wednesday	**Mittwoch**	MIT-vokh
Thursday	**Donnerstag**	DON-ner-stahg
Friday	**Freitag**	FRĪ-tahg
Saturday	**Samstag, Sonnabend**	ZAHM-stahg, ZON-ah-bent
Sunday	**Sonntag**	ZON-tahg

January	**Januar**	YAH-noo-ar
February	**Februar**	FAY-broo-ar
March	**März**	mehrts
April	**April**	ah-PRIL
May	**Mai**	mī
June	**Juni**	YOO-nee
July	**Juli**	YOO-lee
August	**August**	ow-GUST
September	**September**	sep-TEHM-ber
October	**Oktober**	ok-TOH-ber
November	**November**	noh-VEHM-ber
December	**Dezember**	day-TSEHM-ber
spring	**Frühling**	FREW-ling
summer	**Sommer**	ZOM-mer
fall	**Herbst**	hehrpst
winter	**Winter**	VIN-ter
Ice Age	**Eiszeit**	ĪS-tsīt

Happy holidays:

holiday	**Feiertag**	FĪ-er-tahg
national holiday	**staatlicher Feiertag**	SHTAHT-likh-er FĪ-er-tahg
religious holiday	**religiöser Feiertag**	reh-lig-ee-UR-zer FĪ-er-tahg
Ascension of Mary (Aug. 15)	**Himmelfahrt**	HIM-mel-fart
Happy birthday!	**Herzlichen Glückwunsch zum Geburtstag!**	HEHRTS-likh-en GLEWK-vunch tsoom geh-BOORT-stahg
Happy anniversary!	**Herzlichen Glückwunsch!**	HEHRTS-likh-en GLEWK-vunch
Merry Christmas!	**Fröhliche Weihnachten!**	FRUR-likh-eh VĪ-nahkh-ten
Happy New Year!	**Alles Gute zum neuen Jahr!**	AHL-les GOO-teh tsoom NOY-en yar

Another day of celebration is *Christi Himmelfahrt,* or the Ascension of Christ. It comes in May, and doubles for Father's Day. You will see men in groups on pilgrimages through the countryside, usually carrying beer or heading towards it. *Karneval* (or *Fasching*) is a week-long festival characterized by parades and partying. It happens before Lent in February, and Cologne is the center of the revelry.

Red Tape and Profanity

Filling out forms:

Herr / Frau / Fräulein	Mr. / Mrs. / Miss
Vorname	first name
Name	name
Adresse	address
Wohnort	address
Straße	street
Stadt	city
Staat	state
Land	country
Nationalität	nationality
Herkunft / Reiseziel	origin / destination
Alter	age
Geburtsdatum	date of birth
Geburtsort	place of birth
Geschlecht	sex
männlich / weiblich	male / female
verheiratet / ledig	married / single
Beruf	profession
Erwachsener	adult
Kind / Junge / Mädchen	child / boy / girl
Kinder	children
Familie	family
Unterschrift	signature

Handy / dangerous customs phrases:

customs	**Zoll**	tsol
passport	**Paß**	pahs
Stamp it, please.	**Einen Stempel, bitte.**	Ī-nen SHTEHM-pel BIT-teh
I am on vacation.	**Ich mache Ferien.**	ikh MAHKH-eh FEHR-ee-en
I have nothing to declare.	**Ich habe nichts zu verzollen.**	ikh HAH-beh nikhts tsoo fehr-TSOL-len
I have no idea how that got there.	**Ich habe keine Ahnung, wo das herkommt.**	ikh HAH-beh KĪ-neh AH-noong, voh dahs HEHR-komt
Was your father in the Gestapo?	**War Ihr Vater in der Gestapo?**	var eer FAH-ter in dehr geh-STAH-poh
Nice doggie.	**Hübsches Hündchen.**	HEWP-shes HEWND-yen

German profanity:

Insulting a customs official is a serious offense. While you languish in prison, you'll hear some rough language.

Damn it.	**Verdammt.**	fehr-DAHMT
Go to hell.	**Geh zur Hölle.**	gay tsur HURL-leh
Screw it.	**Scheiß drauf.**	SHĪS drowf
Sit on it.	**Am Arsch.**	ahm arsh
bastard (pig-dog)	**Schweinehund**	SHVĪ-neh-hoont
bitch (goat)	**Ziege**	TSEE-geh
breasts (colloq.)	**Titten**	TIT-en
penis (colloq.)	**Schwanz**	shvahnts
butthole	**Arschloch**	ARSH-lokh
shit	**Scheiße**	SHĪ-seh
drunk	**besoffen**	beh-ZOF-fen
Stupid. (stupid head)	**Dummkopf.**	DUM-kopf
Did someone...?	**Hat jemand...?**	haht YAY-mahnd
...burp	**...gerülpst**	geh-REWLPST
...fart	**...gefurzt**	geh-FURTST

Health

Handy health words:

pain	**Schmerz**	shmehrts
dentist	**Zahnarzt**	TSAHN-artst
doctor	**Arzt**	artst
nurse	**Krankenschwester**	KRAHN-ken-shves-ter
health insurance	**Krankenversicherung**	KRAHN-ken-fehr-ZIKH-eh-roong
hospital	**Krankenhaus**	KRAHN-ken-hows
medicine	**Medikamente**	med-ee-kah-MEHN-teh
pharmacy	**Apotheke**	ah-poh-TAY-keh
prescription	**Rezept**	reh-TSEHPT
pill	**Pille**	PIL-leh
aspirin	**Aspirin**	ah-spir-EEN
antibiotic	**Antibiotika**	ahn-tee-bee-OH-tee-kah
pain killer	**Schmerzmittel**	SHMEHRTS-mit-tel
bandage	**Verband**	fehr-BAHNT

Finding a cure:

I feel sick.	**Mir ist schlecht.**	meer ist shlekht
I need a doctor...	**Ich brauche einen Arzt...**	ikh BROWKH-eh Ī-nen artst
...who speaks English.	**...der Englisch spricht.**	dehr ENG-lish shprikht
It hurts here.	**Hier tut es weh.**	heer toot es vay

Health

English	German	Pronunciation
I'm allergic to...	**Ich bin allergisch gegen...**	ikh bin ah-LEHR-gish GAY-gen
...penicillin.	**...Penizillin.**	pen-ee-tsee-LEEN
I am diabetic.	**Ich bin Diabetiker.**	ikh bin dee-ah-BEHT-ee-ker
This is serious.	**Dies ist ernst.**	deez ist ehrnst
I have...	**Ich habe...**	ikh HAH-beh
...a burn.	**...eine Verbrennung.**	Ī-neh fehr-BREHN-noong
...chest pains.	**...Schmerzen in der Brust.**	SHMEHR-tsen in dehr brust
...a cold.	**...eine Erkältung.**	Ī-neh ehr-KEHL-toong
...constipation.	**...Verstopfung.**	FEHR-shtop-foong
...a cough.	**...einen Husten.**	Ī-nen HOO-sten
...diarrhea.	**...Durchfall.**	DURKH-fahl
...a fever.	**...Fieber.**	FEE-ber
...the flu.	**...die Grippe.**	dee GRIP-peh
...a headache.	**...Kopfschmerzen.**	KOPF-shmehr-tsen
...indigestion.	**...Verdauungsstörung.**	fehr-DOW-oongs-shtur-oong
...an infection.	**...eine Entzündung.**	Ī-neh EHNT-sewn-doong
...nausea.	**...Übelkeit.**	EW-bel-kīt
...a rash.	**...einen Ausschlag.**	Ī-nen OWS-shlahg
...a sore throat.	**...Halsschmerzen.**	HAHLS-shmehr-tsen
...a stomach ache.	**...Magenschmerzen.**	MAH-gen-shmehr-tsen

Health

...a swelling.	...eine Schwellung.	Ī-neh SHVEHL-loong
...a toothache.	...Zahnschmerzen.	TSAHN-shmehr-tsen
...a venereal disease.	...eine Geschlechtskrankheit.	Ī-neh geh-SHLEKHTS-krahn-kīt
...worms.	...Würmer.	VEWR-mer
I have body odor.	Ich habe Körpergeruch.	ikh HAH-beh KUR-per-geh-rookh
Is it serious?	Ist es ernst?	ist es ehrnst

Contact lenses:

hard lenses	Harte Linsen	HAR-teh LIN-zen
soft lenses	Weiche Linsen	VĪKH-eh LIN-zen
cleaning solution	Reinigungslösung	RĪ-nee-goongs-lur-zoong
soaking solution	Kontaktlinsenbad	kon-TAHKT-lin-zen-baht
I've... a contact lens.	Ich habe meine Kontaktlinse...	ikh HAH-beh MĪ-neh kon-TAHKT-lin-zeh
...lost	...verloren.	fehr-LOR-en
...swallowed	...verschluckt.	fehr-SHLUKT

Help!

Help in general:

English	German	Pronunciation
Help!	**Hilfe!**	HIL-feh
Help me!	**Helfen Sie mir!**	HEHL-fen zee meer
Call a doctor!	**Rufen Sie einen Arzt!**	ROO-fen zee Ī-nen artst
ambulance	**Krankenwagen**	KRAHN-ken-vah-gen
accident	**Unfall**	OON-fahl
injured	**verletzt**	fehr-LEHTST
emergency	**Notfall**	NOHT-fahl
police	**Polizei**	poh-lee-TSĪ
thief	**Dieb**	deep
pick-pocket	**Taschendieb**	TAHSH-en-deep
I've been ripped off.	**Ich bin bestohlen worden.**	ikh bin beh-SHTOH-len VOR-den
I've lost...	**Ich habe... verloren.**	ikh HAH-beh... fehr-LOR-en
...my passport.	**...meinen Paß**	MĪ-nen pahs
...my ticket.	**...meine Karte**	MĪ-neh KAR-teh
...my baggage.	**...mein Gepäck**	mīn geh-PEHK
...my purse.	**...meine Handtasche**	MĪ-neh HAHND-tash-eh
...my wallet.	**...meine Brieftasche**	MĪ-neh BREEF-tash-eh
...my faith in humankind.	**...meinen Glauben an die Menschheit**	MĪ-nen GLOW-ben ahn dee MEHNSH-hīt
I'm lost.	**Ich habe mich verlaufen.**	ikh HAH-beh mikh fehr-LOWF-en

92 Help!

Help for women:

Leave me alone.	**Lassen Sie mich in Ruhe.**	LAHS-sen zee mikh in ROO-heh
I wish to be alone.	**Ich möchte alleine sein.**	ikh MURKH-teh ah-LĪ-neh zīn
I'm not interested.	**Ich hab kein Interesse.**	ikh hahp kīn in-tehr-EHS-seh
I'm married.	**Ich bin verheiratet.**	ikh bin fehr-HĪ-rah-tet
I'm a lesbian.	**Ich bin Lesbierin.**	ikh bin les-BEER-in
I have a contagious disease.	**Ich habe eine ansteckende Krankheit.**	ikh HAH-beh Ī-neh AHN-shtek-en-deh KRAHNK-hīt
Stop following me.	**Hör auf, mir nachzulaufen.**	hur owf meer NAHKH-tsoo-LOWF-en
Don't touch me.	**Fassen Sie mich nicht an.**	FAHS-sen zee mikh nikht ahn
Enough!	**Das reicht!**	dahs rīkht
Get lost!	**Hau ab!**	how ahp
Drop dead!	**Verschwinde!**	fehr-SHVIN-deh
I'll call the police.	**Ich rufe die Polizei.**	ikh ROO-feh dee poh-lee-TSĪ
Police!	**Polizei!**	poh-lee-TSĪ

# Conversations

Getting to know you:

My name is...	**Ich heiße...**	ikh HĪ-seh
What's your name?	**Wie heißen Sie?**	vee HĪ-sen zee
How are you?	**Wie geht's?**	vee gayts
I am fine.	**Mir geht's gut.**	meer gayts goot
I am... / You are...	**Ich bin... / Sie sind...**	ikh bin / zee zint
...happy.	...**glücklich.**	GLEWK-likh
...sad.	...**traurig.**	TROW-rig
...hungry.	...**hungrig.**	HOON-grig
...thirsty.	...**durstig.**	DUR-stig
...tired.	...**müde.**	MEW-deh
I am cold.	**Mir ist kalt.**	meer ist kahlt
I am lucky.	**Ich habe Glück.**	ikh HAH-beh glewk
I don't smoke.	**Ich rauche nicht.**	ikh ROWKH-eh nikht
Where are you from?	**Woher kommen Sie?**	VOH-hehr KOM-men zee
What...?	**Von...?**	fon
...city	...**welcher Stadt**	VEHLKH-er shtaht
...country	...**welchem Land**	VEHLKH-em lahnd
...planet	...**welchem Planet**	VEHLKH-em plahn-EHT
I am...	**Ich bin...**	ikh bin
...an American.	...**Amerikaner. (m)**	ah-mehr-ee-KAHN-er
	...**Amerikanerin. (f)**	ah-mehr-ee-KAHN-er-in

Conversations

This is a... of mine.	**Das ist...von mir.**	dahs ist īn... fon meer
...male friend	**...ein Freund**	īn froynd
...female friend	**...eine Freundin**	Ī-neh FROYN-din
This is my...	**Das ist mein (m) / meine (f)...**	dahs ist mīn / MĪ-neh
...boy friend / girl friend.	**...Freund / Freundin.**	froynd / FROYN-din
...husband / wife.	**...Mann / Frau.**	mahn / frow
...son / daughter.	**...Sohn / Tochter.**	zohn / TOKH-ter
...brother / sister.	**...Bruder / Schwester.**	BROO-der / SHVEHS-ter
...father / mother.	**...Vater / Mutter.**	FAH-ter / MUT-ter

Family, school and work:

Are you married?	**Sind Sie verheiratet?**	zint zee fehr-HĪ-rah-tet
Do you have children?	**Haben Sie Kinder?**	HAH-ben zee KIN-der
Do you have photos?	**Haben Sie Fotos?**	HAH-ben zee FOH-tohs
How old is your child?	**Wie alt ist Ihr Kind?**	vee ahlt ist eer kint
Beautiful child!	**Schönes Kind!**	SHUR-nes kint
Beatiful children!	**Schöne Kinder!**	SHUR-neh KIN-der
Beautiful boy!	**Schöner Junge!**	SHUR-ner YOONG-eh
Beautiful girl!	**Schönes Mädchen!**	SHUR-nes MAYD-yen
What are you studying?	**Was studieren Sie?**	vahs shtoo-DEER-en zee
How old are you?	**Wie alt sind sie?**	vee ahlt zint zee
I'm... years old.	**Ich bin... Jahre alt.**	ikh bin... YAH-reh ahlt
Do you have siblings?	**Haben Sie Geschwister?**	HAH-ben zee geh-SHVIS-ter
What is your occupation?	**Was machen Sie beruflich?**	vahs MAHKH-en zee beh-ROOF-likh

Conversations

I'm a...	**Ich bin...**	ikh bin
...student.	**...Student.**	shtoo-DEHNT
...teacher.	**...Lehrer.**	LEHR-er
...worker.	**...Arbeiter.**	AR-bī-ter
...resident of Berlin.	**...Berliner.**	behr-LIN-er
...jelly doughnut.	**...ein Berliner.**	īn behr-LIN-er
...professional traveler.	**...professioneller Reisender.**	proh-fes-see-ohn-NEHL-ler RĪ-zen-der
Do you like your work?	**Gefällt Ihnen Ihre Arbeit?**	geh-FEHLT EE-nen EER-eh AR-bīt

Travel talk:

Are you on vacation?	**Machen Sie Urlaub?**	MAHKH-en zee OOR-lowp
A business trip?	**Eine Geschäftsreise?**	Ī-neh geh-SHEHFTS-rī-zeh
How long have you been traveling?	**Wie lange sind Sie schon im Urlaub?**	vee LAHNG-eh zint zee shohn im OOR-lowp
day / week / month / year	**Tag / Woche / Monat / Jahr**	tahg / VOKH-eh / MOH-naht / yar
When are you going home?	**Wann fahren Sie zurück?**	vahn FAR-en zee tsoo-REWK
This is my first time in...	**Ich bin zum ersten Mal in...**	ikh bin tsoom EHR-sten mahl in
I've visited... and then...	**Ich habe... gesehen und dann...**	ikh HAH-beh... geh-ZAY-hen oont dahn
Tomorrow / today I go to...	**Morgen / heute fahre ich nach...**	MOR-gen / HOY-teh FAR-eh ikh nahkh
I'm homesick.	**Ich habe Heimweh.**	ikh HAH-beh HĪM-vay

96 Conversations

I'm very happy here.	**Ich bin sehr glücklich hier.**	ikh bin zehr GLEWK-likh heer
The Germans are very friendly.	**Die Deutschen sind sehr freundlich.**	dee DOY-chen zint zehr FROYND-likh
Germany is a wonderful country.	**Deutschland ist ein wunderbares Land.**	DOYCH-lahnd ist īn VOON-dehr-bah-res lahnd
Travel is good living.	**Auf Reisen lebt's sich gut.**	owf RĪ-zen laypts zikh goot

Weather:

What's the weather tomorrow?	**Wie wird das Wetter morgen?**	vee virt dahs VEHT-ter MOR-gen
sunny / rainy	**sonnig / regnerisch**	ZON-nig / REG-neh-rish
hot / cold	**heiß / kalt**	hīs / kahlt

Favorite things:

What is your favorite...?	**Was ist Ihr Lieblings...?**	vahs ist eer LEE-bleengs
...art	**...Kunst**	kunst
...book	**...Buch**	bookh
...hobby	**...Hobby**	"hobby"
...ice cream	**...Eis**	īs
...movie	**...Film**	film
...movie star	**...Filmstar**	FILM-star
...music / singer	**...Musik / Sänger**	moo-ZEEK / ZEHNG-er
...sport	**...Sport**	shport
...vice	**...Sünde**	ZEWN-deh

Responses for all occasions:

I like that.	**Das gefällt mir.**	dahs geh-FEHLT meer
I like you.	**Sie gefallen mir.**	zee geh-FAHL-len meer
That's cool!	**Na, super!**	nah ZOO-per
Excellent!	**Ausgezeichnet!**	ows-geh-TSĪKH-net
Perfect.	**Perfekt.**	per-FEHKT
Funny.	**Komisch.**	KOH-mish
Very interesting!	**Sehr interessant!**	zehr in-tehr-es-SAHNT
Really?	**Wirklich?**	VIRK-likh
Congratulations!	**Herzlichen Glückwunsch!**	HEHRTS-likh-en GLEWK-vunch
You're welcome.	**Bitte schön.**	BIT-teh shurn
Bless you! (after sneeze)	**Gesundheit!**	geh-ZOOND-hīt
What a pity!	**Wie schade!**	vee SHAH-deh
No problem.	**Kein Problem.**	kīn proh-BLAYM
OK.	**Okay.**	OH-kay
That's life!	**So geht's eben!**	zoh gayts AY-ben
This is the good life!	**So ist das Leben schön!**	zoh ist dahs LAY-ben shurn
Have a good trip!	**Gute Reise!**	GOO-teh RĪ-zeh
Good luck!	**Viel Glück!**	feel glewk
Let's go!	**Auf geht's!**	owf gayts

Thanks a million:

You are...	Sie sind...	zee zint
...kind.	...freundlich.	FROYND-likh
...helpful.	...hilfreich.	HILF-rīkh
...generous.	...großzügig.	GROHS-tsew-gig
...wonderful.	...wunderbar.	VOON-der-bar
...hairy.	...haarig.	HAH-rig
This is great fun.	Das macht viel Spaß.	dahs mahkht feel shpahs
This was great fun.	Das hat viel Spaß gemacht.	dahs haht feel shpahs geh-MAHKHT
You've gone to much trouble.	Sie haben sich sovil Mühe gemacht.	zee HAH-ben sikh ZOH-feel MEW-heh geh-MAHKHT
You are an angel from God.	Sie sind ein Engel, von Gott gesandt.	zee zint īn ENG-el fon got geh-ZAHNDT
I will remember you...	Ich werde Sie... in Erinnerung behalten.	ikh VEHR-deh zee... in ehr-RIN-eh-roong beh-HAHL-ten
...always.	...immer	IM-mer
...till Tuesday.	...bis Dienstag	bis DEEN-stahg

Conversing with German animals:

rooster / cock-a-doodle doo	**Hahn / kikeriki**	hahn / kee-keh-ree-KEE
bird / tweet tweet	**Vogel / piep piep**	FOH-gel / peep peep
cat / meow	**Katze / miau**	KAHT-tseh / mee-OW
dog / woof woof	**Hund / wuff wuff**	hoont / vuff vuff
duck / quack quack	**Ente / quak quak**	EHN-teh / kwahk kwahk
cow / moo	**Kuh / muh**	koo / moo
pig / oink oink	**Schwein / nöff nöff**	shvīn / nurf nurf

Politics and Philosophy

Germans enjoy deep political conversations. With these lists, you can build sentences that will sound either deep or ridiculous, depending on your mood (and theirs).

Who:

politicians	**Politiker**	poh-LIT-i-ker
big business	**Großkapital**	GROHS-kahp-i-tahl
mafia	**Mafia**	MAH-fee-ah
military	**Militär**	mil-ee-TEHR
fascists	**Faschisten**	fah-SHIS-ten
the system	**das System**	dahs zis-TAYM
East Germany	**Ostdeutschland**	OST-doych-lahnd
the rich	**die Reichen**	dee RĪKH-en
the poor	**die Armen**	dee AR-men
men	**Männer**	MEHN-ner
women	**Frauen**	FROW-en
children	**Kinder**	KIN-der
the Germans	**die Deutschen**	dee DOY-chen
the Americans	**die Amerikaner**	dee ah-mehr-ee-KAHN-er
the French	**die Franzosen**	dee frahn-TSOH-zen
the Italians	**die Italiener**	dee i-tah-lee-EHN-er
I / you	**ich / Sie**	ikh / zee
everyone	**alle Leute**	AH-leh LOY-teh

What:

want / need	**wollen / brauchen**	VOL-len / BROWKH-en
take / give	**nehmen / geben**	NAY-men / GAY-ben
prosper / suffer	**florieren / leiden**	floh-REE-ren / LĪ-den
love / hate	**lieben / hassen**	LEE-ben / HAHS-sen
work / play	**arbeiten / spielen**	AR-bĭt-en / SHPEEL-en
vote	**wählen**	VAY-len

Why:

love	**Liebe**	LEE-beh
sex	**Sex**	sex
money	**Geld**	gelt
power	**Macht**	mahkht
family	**Familie**	fah-MEE-lee-eh
work	**Arbeit**	AR-bĭt
food	**Essen**	EHS-sen
health	**Gesundheit**	geh-ZOOND-hĭt
hope	**Hoffnung**	HOF-noong
religion	**Religion**	reh-lee-gee-OHN
happiness	**Glück**	glewk
recreational drugs	**Drogen zur Entspannung**	DROH-gen tsur ent-SHPAHN-noong
democracy	**Demokratie**	day-moh-krah-TEE
taxes	**Steuern**	SHTOY-ern
lies	**Lügen**	LEW-gen
corruption	**Korruption**	kor-rupt-see-OHN

102 Politics and Philosophy

pollution	**Umweltverschmutzung**	OOM-velt-fehr-SHMUT-tsoong
reunification	**Wiedervereinigung**	VEE-dehr-fehr-in-i-goong
racism	**Rassimus**	rah-SIS-moos
war / peace	**Krieg / Frieden**	kreeg / FREE-den

You be the judge:

(not) important	**(nicht) wichtig**	(nikht) VIKH-tig
(not) powerful	**(nicht) mächtig**	(nikht) MEHKH-tig
(not) honest	**(nicht) ehrlich**	(nikht) EHR-likh
(not) innocent	**(nicht) unschuldig**	(nikht) OON-shool-dig
(not) greedy	**(nicht) gierig**	(nikht) GEER-ig
liberal	**liberal**	lib-eh-RAHL
conservative	**konservativ**	kohn-zehr-vah-TIF
radical	**radikal**	RAHD-i-kahl
too much / enough / never enough	**zu viel / genug / nie genug**	tsoo feel / geh-NOOG / nee geh-NOOG
worse / same / better	**schlechter / gleich / besser**	SHLEKH-ter / glīkh / BEHS-ser
good / bad	**gut / schlecht**	goot / shlekht
here / everywhere	**hier / überall**	heer / ew-ber-AHL

Politics and Philosophy 103

Assorted beginnings and endings:

I like... /	**Ich mag... /**	ikh mahg /
I don't like...	**Ich mag... nicht.**	ikh mahg... nikht
Do you like...?	**Mögen Sie...?**	MUR-gen zee
I am... / Are you...?	**Ich bin... /**	ikh bin / zint zee
	Sind Sie...?	
I (don't) believe in...	**Ich glaube**	ikh GLOW-beh
	(nicht) an...	(nikht) ahn
Do you believe in...?	**Glauben Sie an...?**	GLOW-ben zee ahn
...in God	**...Gott**	got
...in reincarnation	**...Wiedergeburt**	VEE-der-geh-boort
...in extraterrestrial life	**...Leben im Weltall**	LAY-ben im VEHLT-ahl
...in Clinton	**...Clinton**	"Clinton"
Yes. / No.	**Ja. / Nein.**	yah / nīn
Maybe. /	**Vielleicht. /**	fee-LĪKHT /
I don't know.	**Ich weiß nicht.**	ikh vīs nikht
What is most important in life?	**Was ist am wichtigste im Leben?**	vahs ist ahm VIKH-tig-steh im LAY-ben
The problem is...	**Das Problem ist...**	dahs proh-BLAYM ist
The answer is...	**Die Antwort ist...**	dee AHNT-vort ist
We have solved the world's problems.	**Wir haben die Probleme der Welt gelöst.**	veer HAH-ben dee proh-BLAY-meh dehr velt geh-LURST

Entertainment

What's happening:

movie	**Film**	film
...original version	**...im Original**	im oh-rig-ee-NAHL
...in English	**...auf englisch**	owf ENG-lish
...with subtitles	**...mit Untertiteln**	mit OON-ter-tee-teln
...dubbed	**...übersetzt**	ew-behr-ZEHTST
music	**Musik**	moo-ZEEK
...live	**...live**	"live"
...classical	**...klassisch**	KLAHS-sish
folk music	**Volksmusik**	FOHLKS-moo-zeek
old rock	**Alter Rock**	AHL-ter rok
jazz	**Jazz**	"jazz"
blues	**Blues**	"blues"
singer	**Sänger**	ZEHNG-er
concert	**Konzert**	kon-TSEHRT
show	**Vorführung**	FOR-few-roong
dancing	**Tanzen**	TAHN-tsen
folk dancing	**Folkstanz**	FOHLKS-tahnts
disco	**Disko**	DIS-koh
cover charge	**Eintritt**	ĪN-trit

Entertainment

A night on the town:

Can you recommend something?	**Können Sie etwas empfehlen?**	KURN-nen zee EHT-vahs emp-FAY-len
What's happening tonight?	**Was ist heute abend los?**	vahs ist HOY-teh AH-bent lohs
Where can I buy a ticket?	**Wo kann ich eine Karte kaufen?**	voh kahn ikh Ī-neh KAR-teh KOWF-en
When does it start?	**Wann fängt es an?**	vahn fengt es ahn
When does it end?	**Wann endet es?**	vahn EHN-det es
Where's the best place to dance nearby?	**Wo geht man hier am besten tanzen?**	voh gayt mahn heer ahm BEHS-ten TAHN-tsen
Do you want to dance?	**Möchten Sie tanzen?**	MURKH-ten zee TAHN-tsen
Again?	**Noch einmal?**	nokh ĪN-mahl
Let's have a wild and crazy night.	**Laßt uns eine tolle Nacht machen.**	lahst oons Ī-neh TOL-leh nahkht MAHKH-en

A German Romance

Ah, Liebe:

What's the matter?	**Was ist los?**	vahs ist lohs
Nothing.	**Nichts.**	nikhts
I / me / you	**ich / mich / dich**	ikh / mikh / dikh
flirt (v)	**flirten**	FLIR-ten
kiss (v)	**küssen**	KEWS-sen
hug (v)	**umarmen**	oom-AR-men
love (n)	**Liebe**	LEE-beh
make love	**zusammen schlafen**	tsoo-ZAHM-men SHLAH-fen
condom	**Präservativ**	pray-zehr-fah-TIF
contraceptive	**Verhütungsmittel**	fehr-HEW-toongs-MIT-tel
safe sex	**safe sex**	"safe sex"
sexy	**sexy**	"sexy"
cozy	**gemütlich**	geh-MEWT-likh
romantic	**romantisch**	roh-MAHN-tish
cupcake	**Schnuckel**	SHNUK-el
little rabbit	**Häschen**	HAYS-yen
little sugar mouse	**Zuckermäuschen**	TSOO-ker-MOYS-yen
pussy cat	**Miezekatze**	MEETS-eh-KAHT-tseh

A German Romance

English	German	Pronunciation
I am...	**Ich bin...**	ikh bin
...gay.	**...schwul.**	shvul
...straight.	**...hetero.**	HAY-ter-oh
...undecided.	**...mir nicht sicher.**	meer nikht ZIKH-er
...prudish.	**...verklemmt.**	fehr-KLEHMT
...horney.	**...geil.**	gīl
We are on our honeymoon.	**Wir sind auf unserer Hochzeitsreise.**	veer zint owf OON-zer-er HOKH-tsīts-rī-zeh
I have a boy friend / girl friend.	**Ich habe einen Freund / eine Freundin.**	ikh HAH-beh ī-nen froynd / ī-neh FROYN-din
I am (not) married.	**Ich bin (nicht) verheiratet.**	ikh bin (nikht) fehr-HĪ-rah-tet
I am rich and single.	**Ich bin reich und zu haben.**	ikh bin rīkh oont tsoo HAH-ben
I am lonely.	**Ich bin einsam.**	ikh bin ĪN-zahm
I have no diseases.	**Ich habe keine Krankheiten.**	ikh HAH-beh KĪ-neh KRAHNK-hī-ten
I have many diseases.	**Ich habe viele Krankheiten.**	ikh HAH-beh FEE-leh KRAHNK-hī-ten
Can I see you again?	**Können wir uns wiedersehen?**	KURN-nen veer oons VEE-der-zay-hen
You are my most beautiful souvenir.	**Du bist mein schönstes Andenken.**	doo bist mīn SHURN-stes AHN-denk-en
Is this an aphrodisiac?	**Ist dies ein Aphrodisiakum?**	ist deez īn ah-froh-dee-zee-AHK-oom

A German Romance

English	German	Pronunciation
This is (not) my first time.	**Dies ist für mich (nicht) das erste Mal.**	deez ist fewr mikh (nikht) dahs EHR-steh mahl
Do you do this often?	**Machst du das oft?**	mahkhst doo dahs oft
How's my breath?	**Habe ich Mundgeruch?**	HAH-beh ik MUND-geh-rukh
Let's just be friends.	**Wir können doch einfach Freunde sein.**	veer KURN-nen dokh ĪN-fahkh FROYN-deh zīn
I'll pay for my share.	**Ich bezahle meinen Anteil.**	ikh beh-TSAH-leh MĪ-nen AHN-tīl
Would you like a... massage?	**Darf ich dir den... massieren?**	darf ikh deer dayn... mahs-SEE-ren
...foot	**...Fuß**	foos
...back	**...Rücken**	REW-ken
Why not?	**Warum nicht?**	vah-ROOM nikht
Try it.	**Versuch's doch mal.**	fehr-ZOOKHS dokh mahl
That tickles.	**Das kitzelt.**	dahs KIT-tselt
Oh my God.	**Oh mein Gott!**	oh mīn got
I love you.	**Ich liebe dich.**	ikh LEE-beh dikh
Darling, marry me!	**Liebling, heirate mich!**	LEE-bleeng HĪ-rah-teh mikh

The Rolling Rosetta Stone Word Guide

For centuries, Egyptian hieroglyphics were considered undecipherable -- until 1799, when a black slab known as the Rosetta Stone was unearthed in the Egyptian desert. By repeating identical phrases in hieroglyphics, Greek, and a newer form of Egyptian, Rosetta helped scientists break the ancient hieroglyphic code, and thus she became the grandmother of all phrasebooks.

As you roll through Germany, Austria and Switzerland, our modern, portable Rosetta will help you translate key English words into German. These are in English alphabetical order, from left to right.

English	German	English	German
A		**A**	
above	über	accident	**Unfall**
adaptor	Zwischenstecker	address	**Adresse**
adult	Erwachsener	afraid	**ängstlich**
after	nach	afternoon	**Nachmittag**
aftershave	Rasierwasser	afterwards	**nachher**
again	noch einmal	age	**Alter**
agency	Agentur	aggressive	**aggressiv**
agree	einverstanden	AIDS	**AIDS**
air	Luft	air-conditioned	**Klimaanlage**
airline	Fluggesellschaft	air mail	**Luftpost**
airport	Flughafen	alarm clock	**Wecker**
alcohol	Alkohol	allergic	**allergisch**
allergies	Allergien	all together	**zusammen**
alone	allein	always	**immer**

The Rolling Rosetta Stone Word Guide

English	German	English	German
am (to be)	**bin (sein)**	ancestor	**Vorfahre**
ancient	**altertümlich**	and	**und**
angry	**wütend**	animal	**Tier**
another	**noch ein**	answer	**Antwort**
antibiotic	**Antibiotika**	antiques	**Antiquitäten**
apartment	**Wohnung**	apology	**Entschuldigung**
appetizers	**Vorspeise**	apple	**Apfel**
appointment	**Verabredung**	approximately	**ungefähr**
area	**Region**	arrest	**festnehmen**
arrivals	**Ankunft**	art	**Kunst**
artificial	**künstlich**	artist	**Künstler**
ask	**fragen**	aspirin	**Aspirin**
at	**bei**	Austria	**Österreich**
autumn	**Herbst**		

B

B

English	German	English	German
baby	**Baby**	babysitter	**Babysitter**
backpack	**Rucksack**	bad	**schlecht**
baggage	**Gepäck**	bakery	**Bäckerei**
balcony	**Balkon**	ball	**Ball**
banana	**Banane**	Band-Aid	**Pflaster**
bank	**Bank**	barber	**Frisör**
basement	**Keller**	basket	**Korb**
bath	**Bad**	bathroom	**Bad**
bathtub	**Badewanne**	battery	**Batterie**
beach	**Strand**	beard	**Bart**
beautiful	**schön**	because	**weil**
bed	**Bett**	bedroom	**Zimmer**
bed sheet	**Laken**	beef	**Rindfleisch**
beer	**Bier**	before	**vor**

The Rolling Rosetta Stone Word Guide

English	German	English	German
begin	**anfangen**	behind	**hinter**
below	**unter**	belt	**Gürtel**
best	**am besten**	better	**besser**
bicycle	**Fahrrad**	big	**groß**
bill (payment)	**Rechnung**	bird	**Vogel**
birthday	**Geburtstag**	bite (n)	**Bissen**
black	**schwarz**	blanket	**Decke**
bleed	**bluten**	blond	**blond**
blood	**Blut**	blue	**blau**
boat	**Schiff**	body	**Körper**
boil (v)	**kochen**	boiling	**kochend**
bomb	**Bombe**	book	**Buch**
book shop	**Buchladen**	boots	**Stiefel**
border	**Grenze**	borrow	**leihen**
boss	**Boss**	bottle	**Flasche**
bottom	**Boden**	bowl	**Schale**
box	**Karton**	boy	**Junge**
bra	**B.H.**	bread	**Brot**
breakfast	**Frühstück**	bridge	**Brücke**
briefs	**Unterhosen**	Britain	**England**
broken	**kaputt**	brother	**Bruder**
brown	**braun**	browsing	**umsehen**
bucket	**Eimer**	building	**Gebäude**
bulb	**Birne**	burn (n)	**Verbrennung**
bus	**Bus**	business	**Geschäft**
button	**Knopf**	by (via)	**mit**

C

English	German	English	German
calendar	**Kalender**	calorie	**Kalorie**
camera	**Photoapparat**	camping	**zelten**

112 *The Rolling Rosetta Stone* Word Guide

English	German	English	German
can (v)	**können**	can opener	**Dosenöffner**
canal	**Kanal**	candle	**Kerze**
candy	**Bonbons**	canoe	**Kanu**
cap	**Deckel**	captain	**Kapitän**
car	**Auto**	carafe	**Krug**
card	**Karte**	cards (deck)	**Karten**
careful	**vorsichtig**	carpet	**Teppich**
carrots	**Karotten**	carry	**tragen**
cashier	**Kassierer**	cassette	**Kassette**
castle	**Burg**	cat	**Katze**
catch (v)	**fangen**	cathedral	**Kathedrale**
cave	**Höhle**	cellar	**Keller**
center	**Zentrum**	century	**Jahrhundert**
chair	**Stuhl**	change (n)	**Wechsel**
cheap	**billig**	check	**Scheck**
Cheers!	**Prost!**	cheese	**Käse**
chicken	**Hühnchen**	children	**Kinder**
chin	**Kinn**	Chinese (adj)	**chinesisches**
chocolate	**Schokolade**	Christmas	**Weihnachten**
church	**Kirche**	cigarette	**Zigarette**
cinema	**Kino**	city	**Stadt**
city hall	**Rathaus**	class	**Klasse**
clean (adj)	**sauber**	clear	**klar**
cliff	**Kliff**	closed	**geschlossen**
clothesline	**Wäscheleine**	clothes pins	**Wäscheklammern**
cloudy	**bewölkt**	coast	**Küste**
coffee	**Kaffee**	coins	**Münzen**
cold (adj)	**kalt**	colors	**Farben**
comb (n)	**Kamm**	come	**kommen**
comfortable	**komfortabel**	complain	**sich beschweren**

The Rolling Rosetta Stone Word Guide

English	German	English	German
complicated	**kompliziert**	computer	**Komputer**
concert	**Konzert**	condom	**Präservativ**
conductor	**Schaffner**	congratulations	**Glückwünsche**
connection (train)	**Verbindung**	constipation	**Verstopfung**
cook (v)	**kochen**	cool	**kühl**
corkscrew	**Korkenzieher**	cork	**Korken**
corridor	**Flur**	corner	**Ecke**
cot	**Liege**	cost (v)	**kosten**
cough (v)	**husten**	cotton	**Baumwolle**
country	**Land**	cough drops	**Hustenpastillen**
cousin	**Vetter**	countryside	**auf dem Land**
crafts	**Kunstgewerbe**	cow	**Kuh**
credit card	**Kreditkarte**	cream	**Sahne**
cry (v)	**weinen**	crowd (n)	**Menge**
		cup	**Tasse**

D

D

English	German	English	German
dad	**Papa**	dance (v)	**tanzen**
danger	**Gefahr**	dangerous	**gefährlich**
dark	**dunkel**	daughter	**Tochter**
day	**Tag**	dead	**tot**
dear	**liebe**	delay	**Verspätung**
delicious	**lecker**	dental floss	**Zahnseide**
dentist	**Zahnarzt**	deodorant	**Deodorant**
departures	**Abfahrt**	deposit	**Anzahlung**
dessert	**Nachtisch**	detour	**Umleitung**
diabetic	**diabetisch**	diamond	**Diamant**
diarrhea	**Durchfall**	dictionary	**Wörterbuch**
difficult	**schwierig**	dinner	**Abendessen**
direct	**direkt**	direction	**Richtung**
dirty	**schmutzig**	discount	**Verbilligung**

The Rolling Rosetta Stone Word Guide

English	German	English	German
disease	**Krankheit**	disturb	**stören**
divorced	**geschieden**	doctor	**Arzt**
document	**Papier**	dog	**Hund**
doll	**Puppe**	donkey	**Esel**
door	**Tür**	dormitory	**Schlafsaal**
double	**doppel**	down	**runter**
dream (n)	**Traum**	dress (n)	**Kleid**
drink (n)	**Getränk**	drive (v)	**fahren**
driver	**Fahrer**	drunk	**betrunken**
dry	**trocken**		

E

English	German	English	German
each	**jede**	ear	**Ohr**
early	**früh**	earplugs	**Ohrenschützer**
earrings	**Ohrringe**	earth	**Erde**
east	**Osten**	Easter	**Ostern**
easy	**einfach**	eat	**essen**
elbow	**Ellbogen**	elevator	**Fahrstuhl**
embarrassing	**peinlich**	embassy	**Botschaft**
empty	**leer**	English	**Englisch**
enough	**genug**	entrance	**Eingang**
entry	**Eingang**	envelope	**Briefumschlag**
especially	**besonders**	Europe	**Europa**
evening	**Abend**	every	**jede**
everything	**alles**	exactly	**genau**
example	**Beispiel**	excellent	**ausgezeichnet**
except	**außer**	exchange (n)	**Wechsel**
excuse me	**Entschuldigung**	exhausted	**erschöpft**
exit	**Ausgang**	expensive	**teuer**
explain	**erklären**	eye	**Auge**

English / German

F

English	German
face	**Gesicht**
fall (v)	**fallen**
family	**Familie**
fantastic	**phantastisch**
farm	**Bauernhof**
fat (adj)	**fett**
faucet	**Wasserhahn**
fever	**Fieber**
field	**Feld**
fine	**gut**
finish (v)	**beenden**
first	**erst**
first class	**erste Klasse**
fix (v)	**reparieren**
flag	**Fahne**
flavor (n)	**Geschmack**
flight	**Flug**
flu	**Grippe**
foot	**Fuß**
for	**für**
foreign	**fremd**
fork	**Gabel**
France	**Frankreich**
fresh	**frisch**
friend	**Freund**
from	**von**
fun	**Spaß**
funny	**komisch**
future	**Zukunft**
factory	**Fabrik**
false	**falsch**
famous	**berühmt**
far	**weit**
fashion	**Mode**
father	**Vater**
ferry	**Fähre**
few	**wenig**
fight (n)	**Streit**
finger	**Finger**
fireworks	**Feuerwerk**
first aid	**Erste Hilfe**
fish	**Fisch**
fizzy	**sprudelnd**
flashlight	**Taschenlampe**
flea	**Floh**
flower	**Blume**
food	**Essen**
football	**Fußball**
forbidden	**verboten**
forget	**vergessen**
fountain	**Brunnen**
free (no cost)	**umsonst**
Friday	**Freitag**
friendship	**Freundschaft**
fruit	**Obst**
funeral	**Beerdigung**
furniture	**Möbel**

G

English	German	English	German
gallery	**Galerie**	game	**Spiel**
garage	**Garage**	garden	**Garten**
gas	**Benzin**	gas station	**Tankstelle**
gay	**schwul**	gentleman	**Herr**
genuine	**echt**	Germany	**Deutschland**
get off	**aussteigen**	get out	**hinausgehen**
gift	**Geschenk**	girl	**Mädchen**
give	**geben**	glass	**Glas**
glasses (eye)	**Brille**	gloves	**Handschuhe**
go	**gehen**	go away	**weggehen**
God	**Gott**	gold	**Gold**
golf	**Golf**	good	**gut**
goodbye	**auf Wiedersehen**	good day	**guten Tag**
go through	**durchgehen**	grammar	**Grammatik**
grandfather	**Großvater**	grandmother	**Großmutter**
gray	**grau**	greasy	**fettig**
great	**super**	Greece	**Griechenland**
green	**grün**	grocery store	**Lebensmittelgeschäft**
guarantee	**Garantie**	guest	**Gast**
guide	**Führer**	guidebook	**Führer**
guitar	**Gitarre**	gun	**Gewehr**

H

English	German	English	German
hair	**Haare**	haircut	**Frisur**
hand	**Hand**	handicapped	**behindert**
handicrafts	**Handarbeiten**	handle (n)	**Griff**
handsome	**gutaussehend**	happy	**glücklich**

The Rolling Rosetta Stone Word Guide

English	German	English	German
harbor	**Hafen**	hard	**hart**
hat	**Hut**	hate (v)	**hassen**
he	**er**	head	**Kopf**
headache	**Kopfschmerzen**	healthy	**gesund**
hear	**hören**	heart	**Herz**
heat (n)	**Hitze**	heaven	**Himmel**
heavy	**schwer**	hello	**hallo**
help (n)	**Hilfe**	her	**ihr**
here	**hier**	hi	**wie geht's**
high	**hoch**	highway	**Landstraße**
hill	**Hügel**	history	**Geschichte**
hitchhike	**per Anhalter fahren**	hobby	**Hobby**
hold (v)	**halten**	hole	**Loch**
holiday	**Feiertag**	homemade	**hausgemacht**
homesick	**Heimweh**	honest	**ehrlich**
honeymoon	**Hochzeitsreise**	horrible	**schrecklich**
horse	**Pferd**	horse riding	**reiten**
hospital	**Krankenhaus**	hot	**heiß** Scharf!
hotel	**Hotel**	hour	**Stunde**
house wine	**Hausmarke**	how many	**wieviele**
how much ($)	**wieviel kostet**	how	**wie**
hungry	**hungrig**	hurry (v)	**sich beeilen**
husband	**Ehemann**		

I

I

I	**ich**	ice cream	**Eis**
ice	**Eis**	ill	**krank**
immediately	**sofort**	important	**wichtig**
imported	**importiert**	impossible	**unmöglich**

English	German	English	German
in	**in**	included	**eingeschlossen**
incredible	**unglaublich**	independent	**unabhängig**
indigestion	**Verdauungs-störung**	industry	**Industrie**
inedible	**nicht eßbar**	information	**Information**
injured	**verletzt**	innocent	**unschuldig**
insect	**Insekt**	inside	**innen**
instant	**sofortig**	instead	**anstatt**
insurance	**Versicherung**	intelligent	**klug**
interesting	**interessant**	invitation	**Einladung**
is	**ist**	island	**Insel**
Italy	**Italien**	itch (n)	**Jucken**

J   ## J

jacket	**Jacke**	jaw	**Kiefer**
jeans	**Jeans**	jewelry	**Schmuck**
job	**Beruf**	jogging	**Jogging**
joke (n)	**Witz**	journey	**Reise**
juice	**Saft**	jump (v)	**springen**

K   ## K

keep	**behalten**	key	**Schlüssel**
kill	**töten**	kind	**freundlich**
king	**König**	kiss (v)	**küssen**
kitchen	**Küche**	knee	**Knie**
knife	**Messer**	know	**wissen**

The Rolling Rosetta Stone Word Guide

English	German	English	German
L		**L**	
ladder	Leiter	ladies	Damen
lake	See	lamb	Lamm
language	Sprache	large	groß
last	letzte	late	spät
later	später	laugh (v)	lachen
laundromat	Waschsalon	lawyer	Anwalt
lazy	faul	leather	Leder
left	links	leg	Bein
letter	Brief	library	Leihbücherei
life	Leben	light (n)	Licht
light bulb	Glühbirne	lighter (n)	Feuerzeug
lip	Lippe	list	Liste
liter	Liter	little (adj)	klein
local	örtlich	lock (v)	abschließen
lock (n)	Schloß	lockers	Schließfächer
look	gucken	lost	verloren
loud	laut	love (v)	lieben
lover	Liebhaber	low	niedrig
luck	Glück	lungs	Lungen
M		**M**	
macho	macho	mad	wütend
magazine	Zeitschrift	maggots	Maden
mail (n)	Post	main	Haupt
make (v)	machen	man	Mann
manager	Geschäftsführer	many	viele
map	Karte	market	Markt
married	verheiratet	matches	Streichhölzer

The Rolling Rosetta Stone Word Guide

English	German	English	German
maximum	**Maximum**	maybe	**vielleicht**
meat	**Fleisch**	medicine	**Medikamente**
medium	**mittel**	men	**Herren**
menu	**Speisekarte**	message	**Nachricht**
metal	**Metall**	midnight	**Mitternacht**
mineral water	**Mineralwasser**	minimum	**Minimum**
minutes	**Minuten**	mirror	**Spiegel**
Miss	**Fräulein**	misunderstanding	**Mißverständnis**
mix (n)	**Mischung**	modern	**modern**
moment	**Moment**	Monday	**Montag**
money	**Geld**	month	**Monat**
monument	**Denkmal**	moon	**Mond**
more	**mehr**	morning	**Morgen**
mosquito	**Mücke**	mother	**Mutter**
mother-in-law	**Schwiegermutter**	mountain	**Berg**
moustache	**Schnurrbart**	mouth	**Mund**
movie	**Film**	Mr.	**Herr**
Mrs.	**Frau**	much	**viel**
muscle	**Muskel**	museum	**Museum**
music	**Musik**	my	**mein / meine**

N

English	German	English	German
nail clipper	**Nagelschere**	naked	**nackt**
name	**Name**	napkin	**Serviette**
narrow	**schmal**	nationality	**Nationalität**
natural	**natürlich**	nature	**Natur**
nausea	**Übelkeit**	near	**nahe**
necessary	**notwendig**	necklace	**Kette**
needle	**Nadel**	nervous	**nervös**

English	German	English	German
never	**nie**	new	**neu**
newspaper	**Zeitung**	next	**nächste**
nice	**nett**	nickname	**Spitzname**
night	**Nacht**	no	**nein**
noisy	**laut**	non-smoking	**Nichtraucher**
noon	**Mittag**	normal	**normal**
north	**Norden**	nose	**Nase**
not	**nicht**	notebook	**Notizbuch**
nothing	**nichts**	no vacancy	**belegt**
now	**jetzt**		

O

O

occupation	**Beruf**	occupied	**besetzt**
ocean	**Meer**	of	**von**
office	**Büro**	oil (n)	**Öl**
OK	**OK**	old	**alt**
on	**auf**	once	**einmal**
one way (street)	**einfach**	one way (ticket)	**Hinfahrkarte**
only	**nur**	open (adj)	**offen**
open (v)	**öffnen**	opera	**Oper**
operator	**Vermittlung**	or	**oder**
orange (color)	**orange**	orange (fruit)	**Apfelsine**
original	**Original**	other	**anderes**
outdoors	**im Freien**	oven	**Ofen**
over (finished)	**beendet**	owner	**Besitzer**

P

P

package	**Paket**	page	**Seite**
pail	**Eimer**	pain	**Schmerz**

English	German	English	German
painting	**Gemälde**	palace	**Schloß**
panties	**Unterhosen**	pants	**Hosen**
paper	**Papier**	parents	**Eltern**
park (v)	**parken**	park (garden)	**Park**
party	**Party**	passenger	**Reisende**
passport	**Paß**	pay	**bezahlen**
peace	**Frieden**	pedestrian	**Fußgänger**
pen	**Kugelschreiber**	pencil	**Bleistift**
people	**Leute**	pepper	**Pfeffer**
percent	**Prozent**	perfect	**perfekt**
perfume	**Parfum**	period (of time)	**Zeitabschnitt**
period (woman's)	**Periode**	person	**Person**
pharmacy	**Apotheke**	photo	**Photo**
pick-pocket	**Taschendieb**	picnic	**Picknick**
piece	**Stück**	pig	**Schwein**
pill	**Pille**	pillow	**Kissen**
pin	**Nadel**	pink	**rosa**
pity, it's a	**wie schade**	pizza	**Pizza**
plane	**Flugzeug**	plain	**einfach**
plant	**Pflanze**	plastic	**Plastik**
plastic bag	**Plastiktüte**	plate	**Teller**
platform (train)	**Bahnsteig**	play (v)	**spielen**
play	**Theater**	please	**bitte**
pliers	**Zange**	pocket	**Tasche**
point (v)	**zeigen**	police	**Polizei**
poor	**arm**	pork	**Schweinefleisch**
possible	**möglich**	postcard	**Postkarte**
poster	**Poster**	pot	**Topf**
practical	**praktisch**	pregnant	**schwanger**
prescription	**Rezept**	present (gift)	**Geschenk**
pretty	**hübsch**	price	**Preis**

The Rolling Rosetta Stone Word Guide

English	German	English	German
priest	**Priester**	prince	**Prinz**
princess	**Prinzessin**	private	**privat**
problem	**Problem**	prohibited	**verboten**
pronounce	**aussprechen**	public	**öffentlich**
pull	**ziehen**	purple	**violett**
purse	**Handtasche**	push	**drücken**

Q

English	German	English	German
quality	**Qualität**	quarter (¼)	**Viertel**
queen	**Königin**	question (n)	**Frage**
quiet	**ruhig**		

R

English	German	English	German
rabbit	**Hase**	radio	**Radio**
railway	**Eisenbahn**	rain (n)	**Regen**
rainbow	**Regenbogen**	raincoat	**Regenmantel**
rape (n)	**Vergewaltigung**	raw	**roh**
razor	**Rasierer**	ready	**bereit**
receipt	**Beleg**	receive	**erhalten**
receptionist	**Empfangsperson**	recipe	**Rezept**
recommend	**empfehlen**	red	**rot**
refill (v)	**nachschenken**	refund (n)	**Rückgabe**
relax (v)	**sich erholen**	religion	**Religion**
remember	**sich erinnern**	rent (v)	**mieten**
repair (v)	**reparieren**	repeat (v)	**wiederholen**
reservation	**Reservierung**	rich	**reich**
right	**rechts**	ring (n)	**Ring**
ripe	**reif**	river	**Fluß**
rock (n)	**Fels**	roller skates	**Rollschuhe**

The Rolling Rosetta Stone Word Guide

English	German	English	German
romantic	**romantisch**	roof	**Dach**
room	**Zimmer**	rope	**Seil**
rotten	**verdorben**	round trip	**Rückfahrt**
rowboat	**Ruderboot**	rucksack	**Rucksack**
rug	**Teppich**	ruins	**Ruine**
run (v)	**laufen**		

S

English	German	English	German
sad	**traurig**	safe	**sicher**
sale	**Ausverkauf**	same	**gleiche**
sandals	**Sandalen**	sandwich	**belegtes Brot**
sanitary napkins	**Damenbinden**	Saturday	**Samstag**
scandalous	**sündig**	school	**Schule**
science	**Wissenschaft**	scissors	**Schere**
scream (v)	**schreien**	screwdriver	**Schraubenzieher**
sculptor	**Bildhauer**	sculpture	**Skulptur**
sea	**Meer**	seafood	**Meeresfrüchte**
seat	**Platz**	second class	**zweiter Klasse**
secret	**Geheimnis**	see	**sehen**
self-service	**Selbstbedienung**	sell	**verkaufen**
send	**schicken**	separate (adj)	**getrennt**
serious	**ernsthaft**	service	**Bedienung**
sex	**Sex**	sexy	**sexy**
shampoo	**Shampoo**	shaving cream	**Rasiercreme**
she	**sie**	sheet	**Laken**
shell	**Schale**	ship (n)	**Schiff**
shirt	**Hemd**	shoes	**Schuhe**
shopping	**einkaufen**	shore	**Küste**
short	**kurz**	shorts	**shorts**
shoulder	**Schulter**	show (v)	**zeigen**

English	German	English	German
show (n)	Vorführung	shower	Dusche
shy	ängstlich	sick	krank
sign	Schild	silence	Ruhe
silk	Seide	silver	Silber
similar	ähnlich	simple	einfach
sing	singen	singer	Sänger
sink	Waschbecken	sir	mein Herr
sister	Schwester	size	Größe
ski (v)	skilaufen	skin	Haut
skinny	dünn	skirt	Rock
sky	Himmel	sleep (v)	schlafen
sleepy	schläfrig	slice	Scheibe
slide (photo)	Dia	slippery	glatt
slow	langsam	small	klein
smell (n)	Geruch	smile (v)	lächeln
smoking	Rauchen	snack	Imbiß
sneeze (v)	niesen	snore	schnarchen
soap	Seife	socks	Socken
something	etwas	son	Sohn
song	Lied	soon	bald
sorry	Entschuldigung	sour	sauer
south	Süden	speak	sprechen
specialty	Spezialität	speed	Geschwindigkeit
spend	ausgeben	spider	Spinne
spoon	Löffel	sport	Sport
spring	Frühling	square	Platz
stairs	Treppe	stamp	Briefmarke
star (in sky)	Stern	state	Staat
station	Station	stomach	Magen
stone	Stein	stop (n)	Halt
stop (v)	halten	storm	Sturm

English	German	English	German
story (floor)	Stock	straight	geradeaus
strange (odd)	merkwürdig	stream (n)	Fluß
street	Straße	string	Leine
strong	stark	stuck	festsitzen
student	Student	stupid	dumm
sturdy	haltbar	style	Stil
suddenly	plötzlich	suitcase	Koffer
summer	Sommer	sun	Sonne
sunbathe	sich sonnen	sunburn	Sonnenbrand
Sunday	Sonntag	sunglasses	Sonnenbrille
sunny	sonnig	sunset	Sonnenuntergang
sun screen	Sonnenschutz	sunshine	Sonnenschein
sunstroke	Sonnenstich	suntan (n)	Sonnenbräune
suntan lotion	Sonnenöl	supermarket	Supermarkt
supplement	Zuschlag	surprise (n)	Überraschung
swallow (v)	schlucken	sweat (v)	schwitzen
sweater	Pullover	sweet	süß
swim	schwimmen	swimming pool	Schwimmbad
swim suit	Badeanzug	swim trunks	Badehose
Switzerland	Schweiz	synthetic	synthetisch

T

T

English	German	English	German
table	Tisch	tail	Schwanz
take out (food)	mitnehmen	take	nehmen
talcum powder	Babypuder	talk	reden
tall	hoch	tampons	Tampons
tape (cassette)	Kassette	taste (n)	Gaschmack
taste (v)	probieren	tax	Steuer
teacher	Lehrer	team	Team

The Rolling Rosetta Stone Word Guide

English	German	English	German
teenager	Jugendlicher	telephone	Telefon
television	Fernsehen	temperature	Temperatur
tender	zart	tennis shoes	Turnschuhe
tent	Zelt	terrible	schrecklich
thanks	danke	theater	Theater
thermometer	Thermometer	thick	dick
thief	Dieb	thigh	Schenkel
thin	dünn	thing	Ding
think	denken	thirsty	durstig
thread	Faden	throat	Hals
through	durch	throw	werfen
Thursday	Donnerstag	ticket	Eintrittskarte
tight	eng	timetable	Fahrplan
tired	müde	tissues	Taschentuch
to	nach	today	heute
toe	Zeh	together	zusammen
toilet paper	Klopapier	toilet	Toilette
tomorrow	morgen	tonight	heute abend
too	zu	tool	Werkzeug
tooth	Zahn	toothbrush	Zahnbürste
toothpaste	Zahnpasta	toothpick	Zahnstocher
total	Völlig	touch (v)	anfassen
tough	zäh	tour	Tour
tourist	Tourist	towel	Handtuch
tower	Turm	town	Stadt
toy	Spielzeug	track (train)	Gleis
traditional	traditionell	traffic	Verkehr
train	Zug	translate	übersetzen
travel	reisen	travel agency	Reisebüro
traveler's check	Reisescheck	tree	Baum
trip	Fahrt	trouble	Schwierigkeiten

English	German	English	German
T-shirt	**T-Shirt**	Tuesday	**Dienstag**
tunnel	**Tunnel**	turn (v)	**drehen**
tweezers	**Pinzette**	twins	**Zwillinge**

U

U

ugly	**häßlich**	umbrella	**Regenschirm**
under	**unter**	underpants	**Unterhose**
understand	**verstehen**	underwear	**Unterwäsche**
unemployed	**arbeitslos**	unfortunately	**unglücklicherweise**
United States	**Vereinigte Staaten**	university	**Universität**
up	**hoch**	upstairs	**oben**
urgent	**dringend**	us	**uns**
use	**nutzen**		

V

V

vacant	**frei**	vacancy (hotel)	**Zimmer frei**
valley	**Tal**	vegetarian (n)	**Vegetarier**
very	**sehr**	vest	**Jacke**
video	**Video**	video recorder	**Videogerät**
view	**Blick**	village	**Dorf**
vineyard	**Weinberg**	virus	**Virus**
visit (n)	**Besuch**	vitamins	**Vitamine**
voice	**Stimme**	vomit (v)	**sich übergeben**

The Rolling Rosetta Stone Word Guide

English	German	English	German
W		**W**	
waist	**Taille**	wait	**warten**
waiter	**Kellner**	waitress	**Kellnerin**
wake up	**aufwachen**	walk (v)	**gehen**
wallet	**Brieftasche**	want	**möchte**
warm (adj)	**warm**	wash	**waschen**
watch (v)	**beobachten**	watch (n)	**Uhr**
water	**Wasser**	water, tap	**Leitungswasser**
waterfall	**Wasserfall**	we	**wir**
weather forecast	**Wettervorhersage**	weather	**Wetter**
wedding	**Hochzeit**	Wednesday	**Mittwoch**
week	**Woche**	weight	**Gewicht**
welcome	**willkommen**	west	**Westen**
wet	**naß**	what	**was**
wheel	**Rad**	when	**wann**
where	**wo**	whipped cream	**Schlagsahne**
white	**weiß**	who	**wer**
why	**warum**	widow	**Witwe**
widower	**Witwer**	wife	**Ehefrau**
wild	**wild**	wind	**Wind**
window	**Fenster**	wine	**Wein**
wing	**Flügel**	winter	**Winter**
wire (money)	**überweisen**	wish (v)	**wünschen**
with	**mit**	without	**ohne**
women	**Damen**	wood	**Holz**
wool	**Wolle**	word	**Wort**
work (n)	**Arbeit**	world	**Welt**
worse	**schlechter**	worst	**schlechteste**
wrap	**umwickeln**	write	**schreiben**

English	German	English	German
Y		**Y**	
year	**Jahr**	yellow	**gelb**
yes	**ja**	yesterday	**gestern**
you (formal)	**Sie**	you (informal)	**du**
young	**jung**	youth hostel	**Jugendherberge**
Z		**Z**	
zero	**null**	zipper	**Reißverschluß**
zoo	**Zoo**		

Hurdling the Language Barrier

Don't be afraid to communicate
 Even the best phrase book won't satisfy your needs in every situation. To really hurdle the language barrier, you need to leap beyond the printed page, and dive into contact with the locals. Never, never, never allow your lack of foreign language skills to isolate you from the people and cultures you traveled halfway around the world to experience. Remember that in every country you visit, you're surrounded by expert, native-speaking tutors. Spend bus and train rides letting them teach you. Always start a conversation by asking politely, "Do you speak English?"

 When you communicate in English with someone from another country, speak slowly, clearly, and with carefully chosen words. Use what the Voice of America calls "simple English." You're talking to people who are wishing it was written down, hoping to see each letter as it tumbles out of your mouth. Pronounce each letter, avoiding all contractions and slang. For bad examples, listen to other tourists.

 Keep things caveman-simple. Make single nouns work as entire sentences ("Photo?"). Use internationally-understood words ("auto kaput" works in Bavaria, or Sicily). Butcher the language if you must. The important thing is make the effort. To get air mail stamps you can flap your wings and say "tweet, tweet, tweet." If you want milk, moo and pull

Go ahead and make educated guesses. Many situations are easy-to-fake multiple choice questions. Practice. Read timetables, concert posters and newspaper headlines. Listen to each language on a multi-lingual tour. Be melodramatic. Exaggerate the local accent. Self-consciousness is the deadliest communication-killer.

Choose multi-lingual people to communicate with, like business people, urbanites, young well-dressed people, or anyone in the tourist trade. Use a small note pad to keep track of handy phrases you pick up -- and to help you communicate more clearly with the locals by scribbling down numbers, maps, and so on. Some travelers carry important messages written on a small card (vegetarian, boiled water, your finest ice cream, and so on).

Easy Cultural Bugaboos to Avoid
- When writing numbers, give your sevens a cross (7) and give your ones an upswing (1).
- European dates are different: Christmas is 25-12-93, not 12-25-93.
- Commas are decimal points and decimals are commas, so a dollar and a half is 1,50 and there are 5.280 feet in a mile.
- The European "first floor" is not the ground floor, but the first floor up.
- When counting with your fingers, start with your thumb. If you hold up only your first finger, you'll probably get two of something.

German tongue twisters

Tongue twisters are a great way to practice a language -- and break the ice with the locals. Here are a few that are sure to challenge you, and amuse your hosts:

Zehn zahme Ziegen zogen Zucker zum Zoo.	Ten domesticated goats pulled sugar to the zoo.
Blaukraut bleibt Blaukraut und Brautkleid bleibt Brautkleid.	Bluegrass remains bluegrass and a wedding dress remains a wedding dress.
Fischer's Fritze fischt frische Fische, frische Fische fischt Fischer's Fritze.	Fritz Fischer catches fresh fish, fresh fish Fritz Fisher catches.
Die Katze trapst die Treppe rauf.	The cat is walking up the stairs.
Ich komme über Oberammergau, oder komme ich über Unterammergau?	I am coming via Oberammergau, or am I coming via Unterammergau?

English tongue twisters:

After your European friends have laughed at you, let them try these tongue twisters in English:

The sixth sick sheik's sixth sheep's sick.

One smart fellow he felt smart, two smart fellows they felt smart, three smart fellows they all felt smart.

I'm a pleasant mother pheasant plucker. I pluck mother pheasants. I'm the most pleasant mother peasant plucker that ever plucked a mother pheasant.

International words

As our world shrinks, more and more words hop across their linguistic boundaries and become international. Savvy travelers develop a knack for choosing words most likely to be universally understood ("auto" instead of "car," "kaput" rather than "broken," "photo," not "picture"). They also internationalize their pronunciation. "University," if you play around with its sound (oo-nee-vehr-see-tay) will be understood anywhere. Practice speaking English with a heavy German accent. Wave your arms a lot. Be creative.

Here are a few internationally understood words. Remember, cut out the Yankee accent and give each word a pan-European sound.

Stop	Kaput	Vino	Restaurant
Ciao	Bank	Hotel	Bye-bye
Rock 'n roll	Post	Camping	OK
Auto	Picnic	Amigo	Autobus (boos)
Nuclear	Macho	Tourist	English (Engleesh)
Yankee	Americano	Mama mia	Michelangelo
Beer	Oo la la	Coffee	Casanova (romantic)
Chocolate	Moment	Sexy	Disneyland
Tea	Coca-Cola	No problem	Mañana
Telephone	Photo	Photocopy	Passport
Europa	Self-service	Toilet	Police
Super	Taxi	Central	Information
Pardon	University	Fascist	Rambo
American profanity			

Let's Talk Telephones

Using die Telefonen
Smart travelers use the telephone every day. Making a hotel reservation by phone the morning of the day you plan to arrive is a snap. If there's a language problem, ask someone at your hotel to talk to your next hotel for you.

The key to long distance is understanding area codes and having a phone card for the country you're in. Hotel room phones are reasonable for local calls, but a terrible rip-off for long-distance calls. Never call home from your hotel room (unless you are putting the call on your credit card).

To make calls to other European countries, dial the international access code (00 in Germany and Switzerland, 050 in Austria), followed by the country code, followed by the area code without its zero, and finally the local number. When dialing long distance within a country, start with the area code (including its zero), then the local number. Post offices have fair, metered long distance phone booths. Public and private phones charge for local calls in eight minute units. If you're calling from a coin-operated phone, don't be surprised if you get cut off without warning.

Local telephone cards are much easier to use than coins. Buy a *Telefonkarte* at any post office on your first day in a country to force you to find smart reasons to use the local phones. Your *Telefonkarte* will work for local, long distance and international calls made from public card-operated phones throughout that country.

Calling the USA from any kind of phone is easy if you have an ATT, MCI or SPRINT calling card. Or you can call home using coins (costs $1 for 20 seconds), and ask the other person to call you back at your hotel at a specified time. To call Germany from the States, they would dial 011-49-your German area code without the zero-and the local number. Germany-to-USA calls are twice as expensive as direct calls from the States. Midnight in California is breakfast in Berlin.

If you plan to call home often, get an ATT, MCI or SPRINT card. Each card company has a toll-free number in each European country which puts you in touch with an American operator who takes your card number and the number you want to call, puts you through and bills your home phone number for the call (at the cheaper USA rate of about a dollar a minute plus a $2.50 service charge). If you talk for at least 3 minutes, you'll save enough to make up for the service charge.

Special USA calling card numbers:

Country	ATT	MCI	SPRINT
Germany	0130-0010	0130-0012	0130-0013
Austria	022-903-011	022-903-012	022-903-014
Switzerland	155-00-11	155-02-22	155-97-77

Country Codes:

USA:	1	Canada:	1	France:	33
Belgium:	32	Germany:	49	Italy:	39
Netherlands:	31	Switzerland:	41	Austria:	43
Great Britain:	44				

Area codes and tourist information numbers:

City	Area Code	Tourist Info
Germany:		
Bacharach	067	431297
Baden-Baden	072	212 75 200
Berlin	030	262 6031
Bonn	022	877 3466
Cochem	026	713971
Frankfurt	069	2128849
Freiburg	076	1216
Fussen	083	627077
Koln	022	122 13 345
Munich	089	2391256
Rothenburg	098	40492
St. Goar	067	41383
Staufen	076	338 0536
Trier	0651	48071
Wurzburg	093	137436
Zell	06542	4031

Let's Talk Telephones

City	Area Code	Tourist Info
Austria:		
Hall in Tirol	05	223 6269
Hallstatt	061	34208
Innsbruck	0512	225356
Reutte	056	722336
Salzburg	066	271712
Vienna	022	513 8892
Switzerland:		
Appenzell	071	874111
Bern	031	1227676
Gimmelwald	036	551955
Interlaken	036	222121
Montreux	021	631212
Murten	037	715112

Weather

First line is average daily low (°F.); 2nd line average daily high (°F.); 3rd line, days of no rain.

	J	F	M	A	M	J	J	A	S	O	N	D
GERMANY	29	31	35	41	48	53	56	55	51	43	36	31
Frankfurt	37	42	49	58	67	72	75	74	67	56	45	39
	22	19	22	21	22	21	21	21	21	22	21	20
AUSTRIA	26	28	34	41	50	56	59	58	52	44	36	30
Vienna	34	38	47	57	66	71	75	73	66	55	44	37
	23	21	24	21	22	21	22	21	23	23	22	22

	J	F	M	A	M	J	J	A	S	O	N	D
SWITZ.	29	30	35	41	48	55	58	57	52	44	37	31
Geneva	39	43	51	58	66	73	77	76	69	58	47	40
	20	19	21	19	19	19	22	21	20	20	19	21

Metric conversions (approximate)

1 inch = 25 millimeters
1 yard = .9 meter
1 sq. yard = .8 sq. meter
1 quart = .95 liter
1 pound = .45 kilo
1 centimeter = 0.4 inch

1 foot = .3 meter
1 mile = 1.6 kilometers
1 acre = 0.4 hectare
1 ounce = 28 grams
1 kilo = 2.2 pounds
1 meter = 39.4 inches
36-24-36 = 90-60-90

1 kilometer = .62 mile
Miles = kilometers divided by 2 plus 10%
(120 km/2 = 60, 60 +12 = 72 miles)

Fahrenheit degrees = double Celsius + 30
32° F = 0° C, 82° F = about 28° C

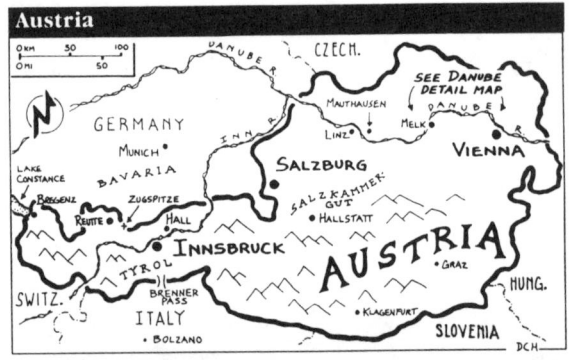

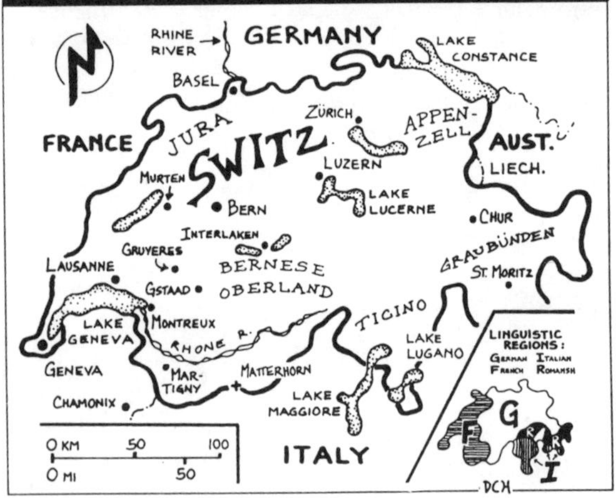

Your tear-out cheat sheet

Keep this sheet of the most essential German words and phrases in your pocket. That way you can memorize them during idle moments, or quickly refer to them if you're caught without your phrase book.

The ten essentials:

Good day.	**Guten Tag.**	GOO-ten tahg
Do you speak English?	**Sprechen Sie Englisch?**	SHPREH-khen zee ENG-lish
Yes.	**Ja.**	yah
No.	**Nein.**	nīn
I don't understand.	**Ich verstehe nicht.**	ikh fehr-SHTAY-heh nikht
I'm sorry.	**Entschuldigung.**	ent-SHOOL-dee-goong
Please.	**Bitte.**	BIT-teh
Thanks.	**Danke.**	DAHNG-keh
Thank you very much.	**Vielen Dank.**	FEE-len dahngk
Goodbye.	**Auf Wiedersehen.**	owf VEE-der-zay-hen

Where?

Where is...?	**Wo ist...?**	voh ist
...a hotel	**...ein Hotel**	īn hoh-TEHL
...a youth hostel	**...eine Jugendherberge**	Ī-neh YOO-gend-hehr-behr-geh
...a restaurant	**...ein Restaurant**	īn res-tow-RAHNT
...a grocery store	**...ein Lebensmittelgeschäft**	īn LAY-bens-mit-tel-geh-SHEHFT
...the train station	**...der Bahnhof**	dehr BAHN-hohf

142 Tear-Out Cheat Sheet

...the tourist information office	**...das Touristen-informationsbüro**	dahs too-RIS-ten-in-for-maht-see-OHNS-bew-roh
...the toilet	**...die Toilette**	dee toh-LEH-teh
men / women	**Herren / Damen**	HEHR-ren / DAH-men

How much?

How much does it cost?	**Wieviel kostet das?**	vee-FEEL KOS-tet dahs
Will you write it down?	**Können Sie das aufschreiben?**	KURN-nen zee dahs OWF-shri-ben
Cheap. / Cheaper.	**Billig. / Billiger.**	BIL-lig / BIL-lig-er
Included?	**Eingeschlossen?**	IN-geh-shlos-sen
I would like...	**Ich hätte gern...**	ikh HEH-teh gehrn
We would like...	**Wir hätten gern...**	veer HEH-ten gehrn
Just a little.	**Nur ein bißchen.**	noor in BIS-yen
More.	**Mehr.**	mehr
A ticket.	**Ein Karte.**	in KAR-teh
A room.	**Ein Zimmer.**	in TSIM-mer
The bill.	**Die Rechnung.**	dee REHKH-noong

Number crunching:

one	**eins**	ins
two	**zwei**	tsvi
three	**drei**	dri
four	**vier**	feer
five	**fünf**	fewnf
six	**sechs**	zex
seven	**sieben**	ZEE-ben
eight	**acht**	ahkht
nine	**neun**	noyn
ten	**zehn**	tsayn

The Europe Through the Back Door Catalog

All of these items have been specially designed for independent budget travelers. They have been thoroughly field tested by Rick Steves and his globe-trotting ETBD staff, and are completely guaranteed. Prices include shipping, tax, and a free subscription to our quarterly newsletter/catalog.

Back Door Bag convertible suitcase/backpack $70

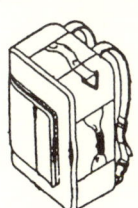

At 9"x21"x13" this specially-designed, sturdy, functional bag is maximum carry-on-the-plane size (fits under the seat), and your key to foot-loose and fancy-free travel. Made from rugged, water-resistant Cordura nylon, it converts from a smart-looking suitcase to a handy backpack. It has hide-away padded shoulder straps, top and side handles, and a detachable shoulder strap (for toting as a suitcase). Lockable perimeter zippers allow easy access to the roomy (2500 cubic inches) central compartment. Two large outside pockets are perfect for frequently used items. Also included is one nylon stuff bag. Over 40,000 Back Door travelers have used these bags around the world. Rick Steves helped design this bag, and lives out of it for 3 months at a time. Comparable bags cost much more. Available in black, grey, navy blue and teal green.

Eurailpasses

...cost the same everywhere, but only ETBD gives you a free 90-minute "How to get the most out of your railpass" video, free advice on your itinerary, and your choice of one of Rick Steves' "22 Day" books. No wonder why ETBD has become the second largest Eurailpass retailer in the USA. It's easy to order your pass by mail -- call 206/771-8303, and we'll send you a full description of the types of Eurailpasses available, pass prices, our unique map for comparing Eurail and pay-as-you-go rail prices, and our user-friendly Eurailpass order form.

Moneybelt $8

Absolutely required no matter where you're traveling! An ultra-light, sturdy, under-the-pants, one-size-fits-all nylon pouch, our svelte moneybelt is just the right size to carry your passport, airline tickets and traveler's checks comfortably. Made to ETBD's specifications, this moneybelt is your best defense against theft -- when you wear it, feeling a Gypsy's hand in your pocket will become just another interesting cultural experience.

Prices are good through 1993. Orders will be processed within 2 weeks. For rush orders (which we process within 48 hours), please add $10. Send your check to:

Europe Through the Back Door
109 Fourth Ave. N, PO Box 2009
Edmonds, WA 98020

More books by Rick Steves...

*Now more than ever, travelers are determined to get the most out of every mile, minute and dollar. That's what Rick's books are all about. He'll help you have a better trip **because** you're on a budget, not in spite of it. Each of these books is published by John Muir Publications, and is available through your local bookstore, or the Europe Through the Back Door newsletter/catalog.*

Europe Through The Back Door

Now in its 11th edition, *ETBD* has given thousands of people the skills and confidence they needed to travel through the less-touristed "back doors" of Europe. You'll find chapters on packing, itinerary-planning, transportation, finding rooms, travel photography, keeping safe and healthy, plus individual chapters on Rick's 40 favorite back door discoveries. 1993 edition.

Mona Winks: Self-Guided Tours of Europe's Top Museums

Let's face it, museums can ruin a good vacation. But *Mona Winks* takes you by the hand, giving you fun and easy-to-follow self-guided tours through Europe's 20 most frightening and exhausting museums and cultural obligations. Packed with more than 200 maps and illustrations. 1993 edition.

Europe 101: History and Art for the Traveler

A lively, entertaining crash course in European history and art, *101* is the perfect way to prepare yourself for the rich cultural smorgasbord that awaits you.

2 to 22 Days in Europe
2 to 22 Days in Great Britain
2 to 22 Days in France
2 to 22 Days in Italy
2 to 22 Days in Germany, Austria & Switzerland
2 to 22 Days in Norway, Sweden & Denmark
2 to 22 Days in Spain & Portugal

Planning an itinerary can be the most difficult and important part of a trip -- and you haven't even left yet. To get you started, Rick gives you a day-by-day plan linking his favorite places in Europe, complete with maps, descriptions of sights, and recommended places to stay. Some people follow a 22-day route to the letter, and others use it as a general outline. Either way, your *2 to 22 days in...* guidebook will help you structure your trip so you'll get the most out of every moment. These guides are updated every year.

Europe Through the Back Door Phrase Books: French, Italian and German

Finally, a series of phrase books written specially for the budget traveler! Each book gives you the words, phrases and easy-to-use phonetics you need to communicate with the locals about room-finding, transportation, food, health -- you'll even learn how to start conversations about politics, philosophy and romance -- all spiced with Rick Steves' travel tips, and his unique blend of down-to-earth practicality and humor. All are 1993 editions.

The Europe Through the Back Door Catalog

What we do at Europe Through the Back Door
At ETBD we value travel as a powerful way to better understand and contribute to the world in which we live. Our mission at ETBD is to equip travelers with the confidence and skills necessary to travel through Europe independently, economically, and in a way that is culturally broadening. To accomplish this, we:
Teach do-it-yourself travel seminars (often for free);
Research and write guidebooks to Europe and a public
  television series;
Sell Eurailpasses, our favorite guidebooks, maps,
  travel bags, and other travelers' supplies;
Provide travel consulting services;
Organize and lead unique Back Door tours of Europe;
Sponsor our Travel Resource Center in Edmonds, WA;
...and we travel a lot.

Back Door 'Best of Europe' tours
If you like our independent travel philosophy but would like to benefit from the camaraderie and efficiency of group travel, our Back Door tours may be right up your alley. Every year we lead friendly, intimate 'Best of Europe in 22 Days' tours, free-spirited 'Un-Tours' and special regional tours of Turkey, Britain, France and other places that we especially love. For details, dates and prices, call 206/771-8303 and ask for our free newsletter/catalog.

22 Days Itinerary Route

You've got your phrase book, but have you planned your itinerary yet?

If this route looks good to you, pick up a copy of Rick Steves' *2 to 22 Days in Germany, Austria & Switzerland.* You'll get the most productive day-by-day itinerary through Europe's heartland, with up-to-date listings of Rick's favorite budget accomodations along the way.

Reader feedback pages

Your feedback will do a lot to improve future editions of this phrase book. To help tomorrow's travelers travel smarter, please use the blank pages at the end of this book to jot down ideas, phrases, and suggestions as they hit you during your travels, and then send them to me. Danke!

Rick Steves
Europe Through the Back Door
109 Fourth Ave. N, PO Box 2009
Edmonds, WA 98020

Other Great Travel Books by Rick Steves

Asia Through the Back Door, 3rd ed., 326 pp. $15.95 (4th ed. avail. 6/93 $16.95)

Europe 101: History & Art for the Traveler, 4th ed., 372 pp. $15.95

Europe Through the Back Door, 11th ed., 432 pp. $17.95

Europe Through the Back Door Phrase Book: French, 168 pp. $4.95

Europe Through the Back Door Phrase Book: Italian, 168 pp. $4.95

Mona Winks: Self-Guided Tours of Europe's Top Museums, 2nd ed., 456 pp. $16.95

2 to 22 Days in Europe, 1993 ed., 288 pp. $13.95

2 to 22 Days in France, 1993 ed., 192 pp. $10.95

2 to 22 Days in Germany, Austria, & Switzerland, 1993 ed., 224 pp. $10.95

2 to 22 Days in Great Britain, 1993 ed., 192 pp. $10.95

2 to 22 Days in Italy, 1993 ed., 208 pp. $10.95

2 to 22 Days in Norway, Sweden, & Denmark, 1993 ed., 192 pp. $10.95

2 to 22 Days in Spain & Portugal, 1993 ed., 192 pp. $10.95

Kidding Around Seattle: A Young Person's Guide to the City, 64 pp. $9.95 (Ages 8 and up)

More European Travel Books Available from John Muir Publications

Great Cities of Eastern Europe, 256 pp. $16.95

Opera! The Guide to Western Europe's Great Houses, 296 pp. $18.95

22 Days Around the World, 1993 ed., 264 pp. $13.95

Understanding Europeans, 272 pp. $14.95

Undiscovered Islands of the Mediterranean, 2nd ed., 256 pp. $10.95

A Viewer's Guide to Art: A Glossary of Gods, People, and Creatures, 144 pp. $10.95

For Young Readers Traveling Abroad, Consider Our "Kidding Around" Travel Guides (Ages 8 and up)

Kidding Around London, 64 pp. $9.95

Kidding Around Paris,
64 pp. $9.95
Kidding Around Spain,
108 pp. $12.95

These are just a sampling of the many titles we have to offer. Whether you are traveling within the U.S. or around the world, turn to John Muir Publications for unique travel titles to practically any location.

Call or write for our *free* catalog listing our complete selection of travel and young readers titles. All the necessary information is listed below.

Ordering Information
If you cannot find our books in your local bookstore, you can order directly from us. If you send us money for a book not yet available, we will hold your money until we can ship you the book. Your books will be sent to you via UPS (for U.S. destinations). UPS will not deliver to a P.O. Box; please give us a street address. Include $3.75 for the first item ordered and $.50 for each additional item to cover shipping and handling costs.

For airmail within the U.S., enclose $4.00. All foreign orders will be shipped surface rate; please enclose $3.00 for the first item and $1.00 for each additional item. Please inquire about foreign airmail rates.

Method of Payment
Your order may be paid by check, money order, or credit card. We cannot be responsible for cash sent through the mail. All payments must be made in U.S. dollars drawn on a U.S. bank. Canadian postal money orders in U.S. dollars are acceptable. For VISA, MasterCard, or American Express orders, include your card number, expiration date, and your signature, or call **(800) 888-7504**. Books ordered on American Express cards can be shipped only to the billing address of the cardholder. Sorry, no C.O.D.'s. Residents of sunny New Mexico, add 6.125% tax to the total.

Address all orders and inquiries to:
John Muir Publications
P.O. Box 613
Santa Fe, NM 87504
(505) 982-4078
(800) 888-7504